罗定市革命老区发展史

罗定市革命老区发展史编委会 编

SPM 南方出版传媒 广东人民出版社

·广州·

图书在版编目（CIP）数据

罗定市革命老区发展史 / 罗定市革命老区发展史编委会编. —广州：
广东人民出版社，2020.8
（全国革命老区县发展史丛书·广东卷）
ISBN 978-7-218-14071-1

Ⅰ.①罗… Ⅱ.①罗… Ⅲ.①罗定—地方史 Ⅳ.①K296.54

中国版本图书馆CIP数据核字（2019）第265743号

LUODING SHI GEMING LAOQU FAZHANSHI
罗定市革命老区发展史

罗定市革命老区发展史编委会 编 　　　　　　　　　　版权所有 翻印必究

出 版 人：肖风华

责任编辑：王智欣
装帧设计：张力平
责任技编：吴彦斌　周星奎

出版发行：广东人民出版社
地　　址：广州市海珠区新港西路204号2号楼（邮政编码：510300）
电　　话：（020）85716809（总编室）
传　　真：（020）85716872
网　　址：http://www.gdpph.com
印　　刷：广州市浩诚印刷有限公司
排　　版：广州市友间文化传播有限公司
开　　本：715mm×995mm　1/16
印　　张：16.25　**插页**：4　**字　数**：198千
版　　次：2020年8月第1版
印　　次：2020年8月第1次印刷
定　　价：63.00元

如发现印装质量问题，影响阅读，请与出版社（020-85716849）联系调换。
售书热线：（020）85716826

广东省编纂《革命老区县发展史》丛书
指导小组

组　长：陈开枝（广东省老区建设促进会会长）

副组长：林华景（广东省老区建设促进会常务副会长）

　　　　宋宗约（广东省农业农村厅二级巡视员、广东省老
　　　　　　　　区建设促进会副会长）

　　　　刘文炎（广东省老区建设促进会副会长）

　　　　郑木胜（广东省老区建设促进会副会长）

　　　　姚泽源（广东省老区建设促进会副会长兼秘书长）

　　　　谭世勋（广东省老区建设促进会副会长）

　　　　廖纪坤（广东省农业农村厅总经济师）

办公室

主　任：姚泽源（兼）

副主任：韦　浩（广东省农业农村厅扶贫协作与老区建设处
　　　　　　　　处长）

　　　　柯绍华（广东省老区建设促进会副秘书长）

　　　　伍依丽（广东省老区建设促进会副秘书长）

《罗定市革命老区发展史》编纂委员会

顾　问：黄天生
主　任：彭仲典
副主任：周海芬　梁国健　彭永文　赖鉴泉
委　员：彭秋萍　梁敏高　彭　辉　叶俊敏　陈　广　文家灼
　　　　许　强　黄卓成　许华震　潘卓良　谭炳权　陈立强
　　　　林永清　谭汉兴　戴勇武　陈　平　罗坚良　陈宝华
　　　　黄锡文　严凤英　范萃芹　许小江　郭良龙　黄健恩

办公室

主　任：孔繁原
副主任：范国才　莫尔辉

编辑部

主　编：梁国健
副主编：赖鉴泉　孔繁原　范国才　莫尔辉
编　辑：陈英林　范光龙　罗维嘉　何天宏　苏　荣　范萃芹
　　　　　　　　　　　　　　　　　　（2018年3月20日）

评审小组

组　长：周海芬
副组长：谭政勋　彭永文
组　员：彭　辉　曾沛才　周海生　陈立强　戴勇武　范光龙
　　　　　　　　　　　　　　　　　　（2018年11月6日）

在举国欢庆新中国成立 70 周年前夕，中国老区建设促进会王健会长请我为《全国革命老区县发展史》丛书作序，作为一名在老区战斗过并得到老区人民生死相助的老兵，回首往事，心潮澎湃，感慨万千，深感义不容辞，欣然应允。

中国革命老区，是以毛泽东为代表的中国共产党人在领导人民推翻帝国主义、封建主义和官僚资本主义三座大山，争取民族独立和人民解放伟大斗争中建立的革命根据地，在这片红色的土地上，诞生了无数可歌可泣的革命英雄儿女，为后人树起了一座不朽的丰碑，她是新中国的摇篮，是党和军队的根。

在艰苦卓绝的战争年代，老区人民把自己的命运与中华民族的命运紧紧地联系在一起，与中国共产党和人民军队的命运紧紧地联系在一起，他们生死相依，患难与共。我曾亲历过战争年代，并得到过老区红哥红嫂的救助，切身感受到发生在身边的一幕幕撼天动地的革命故事，在那极其艰难的条件下，老区人民倾其所有、破家支前，不怕艰难困苦，不怕流血牺牲。"最后一碗米送去做军粮，最后一尺布送去做军装，最后一件老棉袄盖在担架上，最后一个亲骨肉送去上战场"，这是当时伟大的老区人民为建立新中国做出巨大牺牲的真实写照，它将永远镌刻在中国共产党、中国人民解放军、中华人民共和国的历史丰碑上。他们的光辉业绩永载史册，他们的革命精神必将影响一代又一代的革命新人，造就一代又一代的民族脊梁。

在社会主义革命和建设时期，革命老区和老区人民响应党的号召，面对落后的面貌、脆弱的经济、恶劣的生态环境，他们本色不变，精神不丢，自力更生，艰苦奋斗，干一行爱一行。始终坚持"革命理想高于天"，自觉做共产主义远大理想的坚定信仰者和忠实实践者，勇于向恶劣的自然环境和贫穷落后宣战，他们在各条战线上为国建功立业，用平凡的双手创造了一个又一个不平凡的奇迹，彰显了老区人的崇高精神和人格力量。

在改革开放的伟大进程中，老区人民解放思想，勇于创新，发奋图强，攻坚克难，老区的经济社会建设取得了辉煌成就。特别是在改变中国的面貌、中华民族的面貌、中国人民的面貌、中国共产党的面貌的伟大实践中发挥了至关重要的作用。老区人民既是改革开放的参与者，也是改革开放的推动者。

艰苦练意志，危难见精神。老区人民在近百年的革命战争、社会主义建设和改革开放的伟大实践中，孕育形成了伟大的老区精神：爱党信党、坚定不移的理想信念；舍生忘死、无私奉献的博大胸怀；不屈不挠、敢于胜利的英雄气概；自强不息、艰苦奋斗的顽强斗志；求真务实、开拓创新的科学态度；鱼水情深、生死相依的光荣传统。这是党和人民宝贵的精神财富、丰厚的政治资源，是凝心聚力、振奋民族精神的重要法宝，也是社会主义核心价值观的重要内容。

中国老区建设促进会怀着强烈的政治责任感和历史使命感，组织全国各地老促会人员克服困难，尽心竭力编纂《全国革命老区县发展史》丛书，记录老区的光辉历史和辉煌成就，传承红色基因，弘扬老区精神，是功在当代、利及千秋的一件大事。手捧这部丛书的部分书稿，读着书中的故事，倍感亲切，深感这部丛书具有资政、育人、存史的社会功能，有着重要的时代和历史价值。它是不忘初心、牢记使命的源头活水，是赞颂共产党、讴歌老区人民的一部精品力作，是弘扬老区精神、传承红色记忆的丰厚载体，是一项继承优秀传统文化、弘扬革命文化、发展社会主义先进文化，坚定"四个自信"的宏大文化工程。它必将成为一种文化品牌，为各界人士了解老区宣传老区支持老区提供一部有价值的研究史料。希望读者朋友们能从中了解并牢记这些为党和民族的利益不断奉献的老区人民，从中得到教益，汲取人生奋斗的精神动力。

新时代赋予新使命，新起点开启新征程。让我们更加紧密地团结在以习近平同志为核心的党中央周围，坚持以习近平新时代中国特色社会主义思想为指导，增强"四个意识"，坚定"四个自信"，做到"两个维护"，弘扬老区精神，铭记苦难辉煌。为实现"两个一百年"奋斗目标，实现中华民族伟大复兴的中国梦作出新的更大的贡献！

迟浩田

2019 年 4 月 11 日

　　2017 年 6 月，中国老区建设促进会组织全国各地老促会启动编纂《全国革命老区县发展史》丛书，按照"建立中国共产党、成立中华人民共和国、推进改革开放和中国特色社会主义事业"三大里程碑的历史脉络，系统书写革命老区百年历史，深入挖掘革命老区红色文化资源，这对于充实丰富中国革命史籍宝库、在新时代传承红色基因、弘扬革命精神、强固根本，对于激励人们在新的历史条件下夺取中国特色社会主义伟大胜利，实现中华民族伟大复兴的中国梦具有重要意义。

　　丛书编纂以习近平新时代中国特色社会主义思想为指导，以《中国共产党历史》《中国共产党的九十年》等重要文献为基本依据，以党的领导为核心，以老区人民为主体，以老区发展为主线，体现历史进程特征，突出时代发展特色，坚持辩证唯物主义和历史唯物主义相统一、历史真实性与内容可读性相统一的原则，书写革命老区从站起来、富起来到强起来的光辉革命史、不懈奋斗史、辉煌成就史，把老区人民的伟大贡献、伟大创造、伟大成就、伟大精神充分展示出来，形成一部具有厚重历史特征和鲜明时代特色的精品力作。这是一部培根铸魂、守正创新，既为历史立言，又为时代服务，字里行间流淌着红色血脉、催生着革命激情的传世之作。丛书的编纂出版将成为讴歌党讴歌人民讴歌时代、传播红色文化、为革命老区和老区人民树碑立传的重要载体。

　　丛书按照编年体与纪事本末体相结合、以编年体为主的编写体例确定框架结构；运用时经事纬、点面结合的方式记述史实；坚持人事结合、以事带人的原则处理人与事的关系；采取夹叙夹议、叙论结合以叙为主的方法展开内容。做到了史料与史论、历史与现实、政治与学术统一，文献性、学术性、知识性相兼容。

　　为编纂好《全国革命老区县发展史》丛书，打造红色文化品牌，中国老区建设促进会认真组织积极协调，提出政治立场鲜明、史料真实准确、思想论述深刻、历史维度厚重、时代特色突出、编写体例规范、篇目布局合理、审读把关严格、出版制作精良的编纂出版总要求，力求达到革命史籍精品的精神高度、思想深度、知识广度、语言力度，增强丛书的权威性和社会影响力。各省（区、市）、市（州、盟）、县（市、区、旗）老促会的同志，以强烈的使命感、责任感和紧迫感，勇于担当，积极作为，认真实施，组织由老促会成员、专家学者等参加的十余万人编纂队伍。编纂工作主体责任在县，省、市组织协调、有力指导、审读把关。各方面人员以高度负责的精神和科学严谨的态度，满腔热情地投入工作，为丛书编纂出版做出了重要贡献。丛书编纂工作还得到了党和国家有关部委、地方各级党委政府及有关部门的大力支持和积极参与，社会各界也给予了热情帮助。中共中央政治局原委员、中央军委原副主席、原国务委员兼国防部长迟浩田上将，对老区人民怀有深厚感情，对革命老区建设发展十分关注，欣然为《全国革命老区县发展史》丛书作总序。

　　丛书由总册和 1599 部分册（每个革命老区县编纂 1 部分册）组成，共 1600 册。鉴于丛书所记述的史实内容多、时间跨度长和编纂时间紧，不妥之处，敬请批评指正。

中国老区建设促进会

罗定城雕

罗定学宫

罗定市高速公路立交桥

罗定火车站

罗定机场

罗定职业技术学院

罗定中学

罗定廷锴纪念中学

罗定市人民医院

罗定市中医院

罗定市双东环保工业园

广东省粤泷火力发电厂

罗定县（市）获得 1995 年度中国 100 个农业
生产总产量最高县市第 29 位

罗定五次荣获"全国粮食生产先进县"称号

罗定苹塘镇稻田景观入选"中国美丽田园"名单

罗定市水务局被评为"全国水利系统水电先
进集体"

罗定市被评为"全国造林绿化百佳县（市）"

罗定市被评为"中国肉桂之乡"

获得国家地理标志产品保护的罗定产品

泗纶蒸笼

罗定稻米

罗定皱纱鱼腐

罗定肉桂

罗定豆豉

序　言 / 001

第一章　区域和革命老区概况 / 001

第一节　基本情况 / 002

一、历史沿革 / 002

二、地理位置 / 005

三、面积、人口 / 005

四、管辖范围 / 005

五、自然特点 / 009

六、资源优势 / 009

第二节　老区评划 / 012

第三节　区域概况 / 014

一、发展概况 / 014

二、发展展望 / 019

第二章　大革命时期和土地革命战争时期 / 025

第一节　横岗暴动前的形势 / 026

一、党组织的建立 / 026

二、建立农会和组织农民自卫军 / 026

三、减租减息斗争 / 027

第二节　第一次横岗暴动 / 030

一、迎击"清党"，准备暴动 / 030

二、第一次横岗暴动和暴动的失败 / 032

三、李芳春被捕牺牲，罗定革命陷入低潮 / 034

第三节　第二次横岗暴动 / 038

一、恢复中共罗定地方党组织和部署第二次横岗
暴动 / 038

二、第二次横岗暴动的开展 / 041

三、在云致挂起罗定县苏维埃人民政府牌子 / 043

四、遭韩汉英追杀，农军被迫撤离 / 044

第四节　罗定暴动 / 047

一、中共中央和广东省委对暴动的指示 / 047

二、中共罗定县委员会的成立 / 048

三、制定《罗定暴动工作大纲》/ 050

四、中共西江上游特委对罗定暴动的指导 / 052

五、罗定暴动的经过 / 054

六、暴动失败与教训 / 058

第三章　全面抗日战争时期 / 061

第一节　抗日救亡运动的兴起和中共罗定党组织的重建 / 062

第二节　《三罗日报》的创办 / 068

第三节　罗定青抗会的成立 / 072

第四节　日寇在罗定的暴行及抗敌行动的开展 / 076

第五节　罗定党组织领导下的反逆流斗争 / 079

第四章　解放战争时期 / 083

第一节　罗定党组织的恢复和武装斗争的准备 / 084

　　一、抗战胜利后的时局 / 084

　　二、罗定党组织的恢复 / 086

　　三、三罗党组织对武装斗争的部署 / 087

第二节　从东西两翼开创罗定革命根据地 / 088

　　一、云罗阳边区的建立及在罗定的活动 / 088

　　二、罗郁岑边区的建立及在罗定的活动 / 090

　　三、罗定游击区的建立和发展 / 092

第三节　罗定县工委的建立和武装斗争的开展 / 102

　　一、成立中共罗定县工委 / 102

　　二、组建粤中四支十四团 / 103

　　三、连州战斗的胜利及影响 / 106

　　四、人民政权的建设及人民武装的发展 / 110

第四节　武装斗争的发展及罗定的几场主要战斗 / 115

　　一、武装斗争高潮的到来 / 115

　　二、太平战斗给敌当头一棒 / 117

　　三、龙岗战斗打破敌人"五保联防" / 118

　　四、水摆战斗粉碎敌人进攻阴谋 / 119

　　五、云致战斗击毙"天上雷公" / 120

六、加益战斗使敌魂飞魄散 / 122

第五节　配合南下大军解放罗定 / 125

一、人民武装与敌周旋 / 125

二、罗定升起第一面五星红旗 / 126

三、追歼残敌共庆解放 / 127

第五章　中华人民共和国成立后的建设发展 / 131

第一节　恢复发展时期 / 132

一、建立巩固人民政权 / 132

二、清剿残匪确保安宁 / 133

三、土地改革耕者有田　 / 135

四、从互助合作到人民公社 / 136

五、"引蓄提电"除旱患 / 139

六、国营集体工业共同发展 / 141

七、文化教育卫生事业欣欣向荣 / 143

八、因地制宜开发水电 / 145

九、交通邮电面貌一新 / 146

第二节　加快发展时期 / 149

一、拨乱反正社会稳定 / 149

二、联产承包解放生产力 / 150

三、体制改革工业提速　 / 152

四、着力完善交通网络 / 154

五、科技兴市推动发展 / 157

六、老区学校改造成效显著 / 159

　　　　七、群众文化多姿多彩 / 161

　　第三节　新征程又有新发展 / 164

　　　　一、扶贫开发，心系老区 / 164

　　　　二、富裕罗定，已显雏形 / 171

　　　　三、快捷罗定，四通八达 / 173

　　　　四、魅力罗定，山清水秀 / 173

　　　　五、和谐罗定，宜业宜居 / 174

　　　　六、正气罗定，政廉风清 / 175

　　　　七、奋进罗定，粤桂边工业新城崛起 / 176

附　录 / 179

　　附录一　革命遗址 / 180

　　附录二　纪念场馆 / 200

　　附录三　革命英烈和知名人物简介 / 206

　　附录四　中共罗定党组织主要领导人名录（1926—1949） / 215

　　附录五　罗定市老区镇、老区管理区、老区自然村名单 / 216

　　附录六　大事记（1926—1949） / 225

　　附录七　主要参考书目 / 232

后　记 / 233

为了贯彻落实习近平总书记关于"发扬红色资源优势，深入进行党史、军史、老区革命史优良传统教育，把红色基因代代传下去"的指示，中国老区建设促进会（以下简称"中国老促会"）决定组织全国1599个革命老区县（市、区、旗）编纂《全国革命老区县发展史》丛书。根据中国老促会的要求和广东省的实际，广东省老区建设促进会和广东省老区建设办公室确定，按现时行政区划，全省共115个县（市、区）列入《全国革命老区县发展史丛书·广东卷》编纂范围，罗定市为其中之一。《罗定市革命老区发展史》一书，现已按丛书的规范要求和一般史书的体例，分章立节编写并付印出版。这是罗定的光荣，也值得罗定人引以为自豪。太平盛世，修志编史，功在当代，惠及千秋。书已成，总可上慰先烈，下启后人。

本书共分五章。第一章记述罗定市区域的基本情况，包括历史沿革、面积人口、地理位置、管辖范围、自然特点和资源优势等，讲述老区评划的情况、过程、依据和结果，介绍老区的发展概况及对未来发展的展望。第二、三、四章记述从大革命时期和土地革命战争时期到解放战争时期，罗定人民在中国共产党的领导下，开展轰轰烈烈的农民革命运动，组织农民协会和农民武装，与土豪劣绅、反动民团等反动势力进行坚决的斗争。他们举行的三次暴动虽没取得成功，但他们的奋斗精神和为革命献身的壮举深深扎根于人们的心中。在国内反动派勾结日本帝国主义对中国人民及其革命武装进行残酷镇压和屠杀的恶劣环境中，罗定党组织遵循党的抗日民族统一战线方针，团结广大人民群众和进步力量，组织"青抗会"，创办《三罗日报》，开展声势浩大的抗日爱国斗争，为打败日本侵略者，谋求国家独立和人民解放做出积极的贡献。解放战争时期，罗定党组织按上级部署，在全县范围内广泛开辟交通网点，设立联络站，建立游击根据地，发展壮大革命武装队伍，并成立粤中纵队第四支队第十四团，大搞各级人民政权建设，开展一系列武装斗争，进行了十多场大大小小的战斗，于1949年10月29日，配合南下大军解放了罗定全境，为罗定的解放做出了重大贡献。第五章记述中华人民共和国成立后罗定老区的经济建设发展情况，分列恢复发展时期、改革开放时期、党的十八大以来中国特色社会主义新时代，展现了各个阶段的经济发展状况，罗定革命老区的发展风貌和发展前景。附录记述罗定境内的革命遗址和纪念场馆的情况，还附上有关照片。并以大事记的形式，简述在革命战争年代里所发生的较大事件。本书内容广泛，图文并茂，史料翔实，可读性强，并有突出重点，突出党的领导，突出老区建设的特色，既是一本珍贵的历史资料，又是一本开展革命传统教育的好教材。

罗定大地物华天宝，泷江流域人杰地灵。纵观全书，可了解罗定的百年历史。以史鉴今，资政育人，通读此书，可加深对有着光荣革命传统的罗定人民的了解，对罗定今天的发展和未来建设蓝图的绘制也有所启迪。回忆过去，本书把我们带回到革命战争年代的烽火岁月里，重温革命前辈在艰苦卓绝的环境中立下的丰功伟绩，突显革命老区人民为革命战争胜利和民族解放做出的重大贡献，激励我们继承和发扬革命传统，肩负起历史赋予的重任，教育年轻一代认识革命胜利来之不易，要勇于担当，永远沿着革命老前辈开创的道路前进。且看今朝，在中华人民共和国成立后的各个时期里，罗定党组织带领广大人民群众，坚定不移地贯彻执行中共中央的路线方针政策，坚持以马克思列宁主义、毛泽东思想、邓小平理论、"三个代表"重要思想、科学发展观、习近平新时代中国特色社会主义思想为指导，紧密团结在以习近平同志为核心的党中央周围，不忘初心，牢记使命，为全面建成小康社会，为实现中华民族伟大复兴的中国梦而努力奋斗。展望未来，罗定人民将继续高举习近平新时代中国特色社会主义思想的伟大旗帜，与时俱进，锐意创新，不断加快改革开放步伐，联系罗定实际，采取有效措施，制定切实可行的科学发展战略，促进罗定的经济发展，搞好老区建设，提高人民的物质生活和文化生活水平，罗定的事业会更加兴旺发达，罗定的未来将前程似锦。

习近平总书记指出，"我们绝不能忘记历史，绝不能忘记老区人民，绝不能忘记老区的开发建设"，"关心支持老区的建设与发展，是党和政府义不容辞的责任"。我们要认真贯彻这一重要指示精神，继续发扬革命传统，从实际出发，因地制宜，加快老区建设步伐，把罗定革命老区建设得更好。我们要承前启后，继往开来，努力推进罗定的持续健康发展。让我们踏着革命先辈开创的道路，为建设平安和谐美丽幸福的新罗定，为实现新时代中国特色社会主义的宏伟目标继续努力奋斗！

罗定市革命老区发展史编委会

2018 年 12 月

1

第一章

区域和革命老区概况

基本情况

一、历史沿革

（一）春秋至两晋时期

罗定春秋时期为百越（粤）地。战国属楚国。汉、三国、两晋属端溪县（县治在今德庆县）。晋末（约419）析端溪县置龙乡县（县治在今太平镇）和夫阮县（县治不详）。

（二）南北朝时期

南朝宋永初年间（420—422），设晋康郡，郡治在龙乡县。南朝齐永明年间（483—493），分晋康郡设广熙郡，郡治在龙乡县。增设罗平县（县治在今罗平镇）和永熙县（县治在今素龙街道龙税村委古城角村）。南朝梁（502—557），撤销夫阮县。市境设一州（泷州）、二郡（平原郡、开阳郡）、五县（龙乡县、开阳县、永熙县、罗平县、安南县）。泷州州治、平原郡治、平原县治同在一城（今太平镇）。开阳郡治、开阳县治同在一城（今船步镇船东村委开阳村）。安南县治在今罗定市中部地区。南朝梁陈之交（557年前后），撤销罗平县。

（三）隋唐时期

隋开皇九年（589），改龙乡县为平原县，开皇十八年（598），改平原县为泷水县。隋大业三年（607），开阳县并入泷水县，安南县并入永熙县。市境设永熙郡（下辖六县）和泷水县、永熙县，永熙郡治、泷水县治同一城。唐武德四年（621），改永熙郡复设泷州，复设开阳县。武德五年（622），改永熙县为永宁县，复设安南县，泷州下辖泷水、开阳、永宁、安南四县（均在今罗定市境内）。唐天宝元年（742），改泷州设开阳郡，治所及辖县不变，改永宁县为建水县。唐至德二年（757），改安南县为镇南县。唐乾元元年（758），改开阳郡复设泷州，辖泷水（州治）、开阳、建水、镇南四县（均在市境）。此后长达215年不变。

（四）北宋至明万历初

北宋开宝六年（973）撤销泷州，开阳、建水、镇南三县并入泷水县，今市境只设泷水一县，此后长达604年不变。

宋末元初，泷水县治自顺仁乡（今太平镇潭白村一带）迁至开阳乡（今船步镇开阳村），元大德八年（1304）再迁建水乡羊禄埠（今罗城街道南区）。

（五）明万历初至清末

明万历五年（1577），明朝廷平定罗旁山区瑶民起义，升泷水县为罗定直隶州，取"罗旁平定设州"之意。"罗定"一名由此产生。

罗定州辖本州（今罗定市）、东安县（今云浮市云城区、云安区）、西宁县（今郁南县）。此后直至清末（1911）长达334年不变。

（六）民国至1993年

民国元年（1912），废罗定州，改设罗定县。1958年11月，罗定县与郁南县合并，称罗南县。1959年1月，罗南县改称罗定县。1961年4月，恢复罗定、郁南二县建制。此后罗定先后隶属肇庆地区、肇庆市。

（七）1993年至现在

1993年4月，撤销罗定县，改设罗定市（县级），由广东省直辖，肇庆市代管。1994年4月，云浮市（地级）设立，改由云浮市代管，延续至今。

以上历史沿革，地名来历、含义等资料源于清康熙二十六年（1687）《罗定州志》，1935年版《罗定志》、1994年版《罗定县志》、2012年版《罗定市志》。

（八）市区城建历史

罗定市城区建城距今已有700多年历史。元大德八年（1304），泷水县治迁至建水乡羊禄埠时，有衙署而无城池。明正统十三年（1448），建土城。明景泰五年（1454），迁治至今罗定市北区临江处，建砖石城芯。明万历五年（1577），泷水县升为直隶州后，城区范围陆续扩展至今罗定市北区全境。清代中期以后至民国，陆续增建今中区、西区和南区。至1981年，城区总面积2.08平方千米。1988年4月，今罗城街道石围、细坑、柑园、区屋并入城区，城区总面积扩大至4.9平方千米。2009年11月，素龙、双东、附城三街道正式挂牌，三街道办驻地素龙社区、双东社区、附城社区并入城区。四个街道的街区连成一片。至2017年底，城区建成面积达30平方千米。

二、地理位置

罗定市位于云浮市西南部，距云浮市区约80千米，距广州约230千米。东面与云浮市云安区白石镇、镇安镇、富林镇接壤，东南面与阳春市河塱镇相连，南面与信宜市思贺镇、平塘镇为邻，西部与信宜市贵子镇、广西岑溪市交界，北面与郁南县千官镇、大湾镇、河口镇相邻。

三、面积、人口

罗定市总面积2327.5平方千米。

至2017年末，全市有342060户家庭，总人口1290108人。其中城镇人口539491人，乡村人口750617人；男性686374人，女性603734人；18岁以下有346896人，18—35岁有378983人，35—60岁有396266人，60岁以上有167963人。罗定市人民政府驻罗城街道宝定路31号。2017年，罗城街道有36761户，总人口103448人。

四、管辖范围

2017年，罗定市辖4个街道，17个镇，306个村委会，30个居委会。各街道、镇管辖范围如下：

1. 罗城街道

辖东区、南区、西区、北区、中区、石围、细坑、柑园、区屋、城东等10个社区（居委），共135个居民小组。

2. 素龙街道

辖素龙社区（居委）和素龙、凤塘、赤坎、潭井、平南、凤西、大甲、大灼、新塘、马兰、沙步、桃子埇、中村、沙豪岗、上宁、岗咀、埇表、大榄、棠梨、思围、赤坭、七和、龙税等24

个村委（居委），共518个村（居）民小组。

3．附城街道

辖附城社区（居委）和平西、丰盛、罗溪、同仁、大旁街、高峰、塔脚、星光、康任、平湾、天策、新乐、新民、冲丽、四东、黄沙、云龙、太平、新竹、沙口、东冠、木护等23个村委（居委），共470个村（居）民小组。

4．双东街道

辖双东社区（居委）和双东、龙凤、以民、大同、陈皮、六竹、大众、白荷等9个村委（居委），共66个村（居）民小组。

5．罗镜镇

辖罗镜社区（居委）和龙甘、水摆、橡安、石淇湾、镜西、塘埇、驸台、红光、官渡头、大平岗、镜坡、镜东、龙星、龙岩、镜南、云沙、云龙、步贺、美河、新星、新东、新中、新西、横桥等25个村委（居委），共371个村（居）民小组。

6．太平镇

下辖太平社区（居委）和丽塘、太东、洞美、励志、太西、圩口、腾笔、太北、木利、双角、潭白、古龙、西良、东良、镇安、黄豆坪等17个村委（居委），共284个村（居）民小组。

7．分界镇

辖分界社区（居委）和三和、石牌、分界、金河、金田、金洞、罗星、罗金、罗光等10个村委（居委），共181个村（居）民小组。

8．罗平镇

辖罗平社区（居委）和山田、古莲冲、古勇、望天、竹围、㙟阳、营下、牛路、塘屋、乌龙、沙头、新村、平垌、新光、黄牛木、㙟东、㙟北、㙟西、泗盘、双莲、涩塘、围头、罗周围等24个村委（居委），共333个村（居）民小组。

9. 船步镇

辖船步社区（居委）和船东、廻龙、大围、红岭、垌心、云罗、双薢、聂垌、山垌、炉星、炉埇、河背、龙岗、谋平、仓地、蓝村、甘步、船北等19个村委（居委），共484个村（居）民小组。

10. 薢塘镇

辖薢塘社区（居委）和都近、石碑、薢南、红星、石庵、北羌、木头塘、罗阳、平石、薢东、黄金薢、大旺塘等13个村委（居委），共196个村（居）民小组。

11. 苹塘镇

辖苹塘社区（居委）和谈礼、周沙、墩仔、茶榕、良官、龙吉、大虾、澳塘、桐油、瑞平、道村等12个村委（居委），共130个村（居）民小组。

12. 金鸡镇

辖金鸡社区（居委）和石龙、大岗、罗贯、西岸、坪塘、洪塘、大垌、会龙、庙岗、黎垌等11个村委（居委），共172个村（居）民小组。

13. 围底镇

辖围底社区（居委）和秋风、陀埇、城围、凤山、五华、莲塘头、文岗、寻贤岗、古薄塘、宦塘、古模、杨村、泗和、薢社、渡头等16个村委（居委），共123个村（居）民小组。

14. 华石镇

辖华石社区（居委）和古范、木埇口、马路、大末、三屋、荔枝埇、寨脚、莫村、双豆、雅言等11个村委（居委），共151个村（居）民小组。

15. 替滨镇

辖替滨社区（居委）和金滩、山河、思理、替滨、高竹、车田、永坑、夜护、六云、潮岭、涩田、梅竹、思甲等14个村委（居委），共404个村（居）民小组。

16．生江镇

辖生江社区（居委）和生江、里午、安全、八达、八和、替兵、云桂、碗窑、三和、七记、双脉等12个村委（居委），共201个村（居）民小组。

17．黎少镇

辖黎少社区（居委）和寨坪、田心、里塘、替濮、丽芝、泗片、大塘、园珠、替泽迳、三家店、横岗、大陂、赤岭、松木、黄沙口、坡塘、黎少等18个村委（居委），共388个村（居）民小组。

18．连州镇

辖连州社区（居委）和古榄、车战、五和、连东、连州、连北、官田、万车、木坪、替升、云致、白马、平北、高垌、蒲垌、云良等17个村委（居委），共243个村（居）民小组。

19．泗纶镇

辖泗纶社区（居委）和新城、连城、鸭脚、山栗、胜乐、双龙、分会、杨绿、泗安、荣安、青桐、高和、沙底、黄丽、泗联、双坝、泗荣、铁陆、松南、南山、升平、和平、明镜、和合、都门、新和、双德等28个村委（居委），共380个村（居）民小组。

20．加益镇

辖加益社区（居委）和旺水、木寨、排阜、石头、清水、双益、合江、灵凡、鳌头等10个村委（居委），共148个村（居）民小组。

21．龙湾镇

辖龙湾社区（居委）和上赖、旗垌、榕木、永乐、双合、中安、垌旺、大石、棠棣、金充、南充等12个村委（居委），共194个村（居）民小组。

五、自然特点

（一）地形地貌

罗定市西部、西北部、南部一部分为云开大山山地，东部为云雾山山地，属喀斯特地貌。中部、东北部和南部一部分为盆地、丘陵地区。全境形似东、西、南三面为边围，向东北开口的箕状盆地。罗定江流经境内11个镇（街），境内全长81千米。此外流经市境的还有罗镜河、新榕河、连州河、泗纶河、㙟滨河、围底河、白石河、船步水、分界水、都门水、新乐水等河流。

（二）气候类型

罗定市地处北回归线南侧，属南亚热带季风气候区。气候具有南亚热带季风气候特征。多年平均日照1673.3小时，累年平均气温22.3℃，年平均降雨量1426毫米。

六、资源优势

（一）自然资源

市境年降水总量33.47亿立方米，地下水总储量3.6亿立方米。植物（林木）有10多个科目190多种，野生药材超300种。野生动物25种，鱼类（包括人工养殖）20种。矿产有锰、铁、锡、铜、铅、锌、金、铌、钽、锆等，船步、㙟滨两镇有矿泉水。

（二）工农业资源

至2017年，罗定有工业企业2584家，工业总产值1397918万元，规模以上工业企业主要产品有中成药、服装、绒线等22种。农业有耕地约330平方千米，主要种植水稻，并种植花生、薯类、豆类、蔬菜、黄烟、果蔗、玉米。山地种植肉桂、松、杉、竹、药用植物等。养殖塘鱼、家禽。2016年全市农、林、牧、渔业总产值为654196万元。肉桂种植全国有名，被誉为"中国肉桂之乡"。土特名产有：被列为国家地理标志产品保护的罗定肉桂、泗纶蒸笼、罗定皱纱鱼腐、罗定稻米，以及罗定三黄鸡（毛黄、嘴黄、脚黄）、天子茶、罗定豆豉、罗镜梅菜等。

（三）旅游资源

罗定旅游资源丰富，被列为国家AAA级旅游景区的有龙湾生态旅游区，被列为国家AA级旅游景区的有连州蒲垌生态旅游区、蔡廷锴故居、罗镜东山公园。暂未定级，但平时游客较多的有长岗坡渡槽、八排山风景区、梁家庄园、龙头寺、罗定文塔、罗定学宫、聚龙洞、龙龛岩洞、连州仙景茶园等景点。

（四）文化资源

1991年2月，广东省人民政府公布罗定为广东省第一批历史文化名城。至2016年底，罗定市有国家一级图书馆1个（罗定图书馆），藏书21万册。罗定博物馆馆藏文物6000多件。文化馆2个，镇（街）文化站21个，镇（街）图书室1间，广播电台和电视转播台各1个，有线电视站23个。全国重点文物保护单位1个（龙龛岩摩崖石刻）。广东省文物保护单位7个（蔡廷锴故居、罗定文塔、罗定学宫、菁莪书院、三罗民众抗日指挥部旧址、梁家庄园、长岗坡渡槽）。罗定市文物保护单位110个。广东省非物质文化遗产5项（泷州歌、东山祖庙庙会、禾谷醮、罗定豆豉酿制技艺、凤阳宗祠祭典）。云浮市非物质文化遗产11项。罗定市非物质文化遗产33项。

至2017年底，罗定市有各类学校862所，其中普通高等学校1所，广播电视大学和教师进修学校各1所，中等职业技术学校4所，业余体校1所，普通中学43所，小学360所，幼儿园（含附设班）451所，特殊教育学校1所。

至2017年底，罗定市有医疗机构31个，其中医院7所，妇幼保健院、慢性病防治站、疾病控制中心各1所，镇（街）卫生院21所，村卫生站305所。

（五）交通资源

至2017年，罗定市有民用航空机场1座，铁路1条（罗定至阳春），南江港口岸码头1座。高速公路4条（云罗高速、罗岑高速、罗阳高速、江罗高速），国道1条（G324线），省道4条（S369圣贵线、S280罗水线、S352荔朱线、S279郁罗线），县道16条。

老区评划

1957年4月17日，广东省人民委员会发出《关于评划革命老根据地标准的通知》。第一次评划，罗定评出两个革命老区：黎少镇大陂村委会的大陂自然村、六迪自然村。

1988年，广东省各县贯彻《关于补划老区村庄的意见》，开展第二次国内革命战争、抗日战争、解放战争时期的革命老根据地评划，是为第二次评划。这次评划，原则上由各县人民政府负责组织材料，报地级市人民政府批准，再报广东省革命老根据地建设委员会备案。

1992年3月底，罗定开启第二次老区评划工作，县成立评划老区工作办公室，会同县民政局、县党史研究室、县老促会等部门，按省市的评划标准和规定，经过自下而上的摸底调查和反复核实，认真组织整理材料，并请当年在罗定开展革命斗争的原三罗和罗定党组织负责人李镇靖、吴桐、伍伯坚、谭机佳等20多位老同志认真审阅，形成材料，分批上报肇庆市人民政府。肇庆市人民政府分三批批复。

1993年3月26日，肇庆市人民政府下发《关于龙甘等75个村委会和塘埇等119个自然村评划解放战争时期游击根据地的批复》，同意罗定县龙甘等75个管理区、非老区管理区的塘埇等119个自然村为解放战争时期游击根据地。

1993年12月22日，肇庆市人民政府下发《关于补划大旺塘等

12个自然村为老区村庄的批复》，同意罗定市大旺塘等12个自然村为第二次国内革命战争时期的老区村庄。

1994年8月1日，经广东省民政厅批准，由肇庆市人民政府行文，评划罗定市罗镜、分界、新榕、罗平、苹塘、金鸡、替滨、新乐、连州、都门、加益、扶合12个镇为革命老区镇。

评划工作结束后，因老区乡镇撤并而有所变动，新榕镇并入罗镜镇，新乐镇并入附城街道，都门镇并入泗纶镇。此3个镇的老区管理区随之变动，并入所属镇（街）。2017年全市实际拥有472个老区自然村不变。

第三节 区域概况

一、发展概况

中华人民共和国成立后，罗定历届县（市）委和县（市）人民政府，把兴修水利、消灭旱患，发展农业生产，改善人民生活作为长期的战略任务。从1956年开始，县委、县政府依靠农民组织起来的力量，发扬自力更生，艰苦奋斗精神，掀起了规模空前的引水蓄水提水相结合的水利建设高潮。至1962年，先后建成引太、引泗、引沙、引镜、引㙟和引连等六大引水骨干工程和一批小型引水蓄水工程，形成了"引蓄结合，长藤结瓜"式的水利灌溉网，有效灌溉面积达32万亩（1亩≈0.067公顷）。此后，全县进入了以兴建中小型骨干水库，大办小水电，建设水轮泵站、电灌站为主要内容的水利建设新阶段。到1978年底，全县引水工程保有量1540宗，灌溉机械保有量444台，电灌机械保有量806台，水轮泵保有量311处473台，形成了"引水、蓄水、提水、灌溉、发电"相结合的水利灌溉网，从根本上改变了罗定"十年九旱"的面貌，为罗定社会经济的可持续发展奠定了基础。罗定的水利建设情况，多家中央级、省级媒体都有报道。曾以《罗定山河起宏图》和《引蓄结合，长藤结瓜》为名拍成电影在全国放映。5200米长的长岗坡渡槽，经水利部珠江水利委员会技术咨询中心鉴定，长度在1980年以前中国建成的钢筋混凝土肋拱渡槽中是最长的，被人们称为"广东红旗渠"，中国最长的"人工天河"。由于市内大部分小型水库均修建于20世纪五六十年代，不少工程设计标准低，施工质量差，配套设施简陋不全，长时间带险带病运行，安全隐患突出，1988年冬开始，罗定先后对100多宗小型水库进行了除险加固。罗定的水利设施，至今仍然对全市的经济建设发挥着不可或缺的作用。

罗定素来有"文化之乡"之称。在明清两朝，教育已有一定的基础，许多大村庄都设有私塾，罗城、泗纶、罗镜等地还有书院。宣统三年（1911）创办县内第一所公立中学。民国十七年（1928）创办县办女子师范学校，民国十八年（1929）创办泷水中学。新中国成立后，县（市）委、县（市）政府十分重视教育事业的发展，1949年底已接管了全县小学，1952年全县小学改为公办，此后投入大批资金陆续对全县中小学校舍进行改造、扩建。1979年，罗定县成为基本无文盲县。1982年，全县基本实现普及小学教育。1995年10月，顺利通过省"普及九年义务教育"评估验收。1995年，建立1间特殊教育学校（罗城启聪学校）。1997年，罗定被省人民政府授予"两基"工作先进单位称号。2001年，经省政府批准，罗定师范学校升格为罗定职业技术学院，成为云浮市第一间普通高校。2015年，罗定成功创建"广东省教育强市"。到2017年底，全市计有普通高校1所，中等职业技术学校4所，中学35所，小学35所，小学教学点328所，特殊教育学校1所，幼儿园164所，广播电视大学和教师进修校各1所。罗定教育事业的长足发展，为培养高、精、尖人才打下扎实基础，不少人经外出深造后学有所成。他们当中，既有学者、教授，也有外交家、为"两弹一星"做出贡献的工程技术人员；既有水稻育种专家、净水专家，也有防治白蚁土专家；既有发现世界珍稀毒蛇的"蛇博士"，也有单骑跨越罗布泊的探险家；既有传记作家，也有小说作家；既有曲艺演员、也有书画美术家。

1979—2017年，罗定县（市）委在上级党委领导下，以马列主义、毛泽东思想、邓小平理论、"三个代表"重要思想、科学发展观、习近平新时代中国特色社会主义思想为指导，发扬"团结、奋发、拼搏、创新、奉献"的罗定精神，以经济建设为中心，着力抓好组织建设、思想建设、作风建设，大力推进社会主义民主政治建设，根据罗定实际，先后提出"跳出山区、建设山区""三个不足三个补"（地利不足人和补、交通不足通信补、资源不足科技补）、"面向三角洲，沟通大西南、建设罗定市""融入珠三角，沟通大西南，建设粤桂边工业新城"等战略性的工作思路，先后实施了发展农业和农村经济、深化企业改革、发展外向型经济、扶持发展民营经济、科教兴市、健全社会保障体系等重大决策，罗定经济及社会各项事业实现了历史性突破和跨越式发展。相继获得"全国造林绿化先进单位""全国水土保持先进集体""全国文化先进市""全国体育先进市""中国农业生产百名大市""全国农村初级电气化建设达标市""中国特产之乡先进单位""全国农村中医先进市""全国农村初级保健工作先进市""全国粮食生产先进市""全国农村劳动力转移示范市""全国科技进步市""全国农田水利基本建设先进单位"等荣誉称号，被命名为"中国肉桂之乡"，并被确定为国家循环经济示范县（市）建设地区。

综合经济实力增强，人民生活水平不断提高。2017年，全市实现地区生产总值214.16亿元，比2016年增长6%；固定资产投资总额138.1亿元，比2016年增长17.9%；地方一般公共预算收入12.5亿元，比2016年增长10.1%；国税收入12.17亿元，比2016年增长39.6%；地税收入7.52亿元，比2016年增长22.8%；外贸进出口总额16.3亿元，比2016年增长59.2%；社会消费品零售总额110.66亿元，比2016年增长12.3%。主要经济指标增速继续保持云浮市前列。人民生活水平和生活质量提高，全市城镇非私营单位在岗职工年平均工资57371元，同比增长12.4%。全市常住居民人均可支配收入16495元，同比增长8.3%。其中城镇常住居民人均可支配收入22524元，同比增长6.2%；农村常住居民人均可支配收入13755元，同比增长9.1%。吃、穿、住、用更趋精细、休闲、舒适。

农业产业结构不断调整，现代农业加快发展。2003年底，全市已拥有农工贸实业总公司、肉桂有限责任公司和林工商公司3家省级农林业龙头企业，建成松脂、肉桂、茶叶、笋竹、水果、蚕桑、塘鱼、蔬菜、三鸟、生猪等十大农业产业化生产基地。2004年起，农业生产结构不断优化，现代农业加快发展，培育和壮大了"稻米、肉桂、笋竹、油茶"四大特色农业，打造了"亚灿米""聚龙米""金瓯米"等一系列农业品牌，"罗定稻米"成为继"罗定肉桂""泗纶蒸笼""罗定皱纱鱼腐"之后第四个获认国家地理标志的产品，罗定特色农业的社会影响力和市场竞争力不断提升。2017年全市实现农林牧渔业产值69.19亿元，同比增长3.9%。

工业生产成绩显著，园区建设如火如荼。改革开放后，罗定加大了对工业的投入，新办了一批国有企业，引进了一批三资企业。由于在国有和集体工业企业中大抓挖潜改造，推行"三四三"管理、百元投入与产出比率和百元固定资产创税比率的"双百"管理，大力开展产、学、研相结合的科技创新活动，全市工业始终保持稳步发展的势头。2003年，全市已基本形成电子、机械、纺织、服装、建材五大支柱产业，工业产值105.89亿元。外地资金投资和境外资金投资企业从1985年的3家，发展到2003年的261家，2003年出口总额6813万元，占全市出口额的87.99%。2017年，全市实现工业总产值148.54亿元，同比增长

13.4%；实现工业增加值34.74亿元，同比增长7.6%。年末拥有规模以上工业企业160家，从业人员年平均18855人；规模以上工业实现税收2.47亿元，利润6.13亿元，产品销售率达96.8%。2010年后，罗定重点规划建设的双东环保工业园、罗定汽贸园、罗定现代农业产业园等园区建设如火如荼。双东环保工业园升格为佛山（云浮）产业转移工业园双东分园，被确定为省产业转移集聚区和循环经济示范园，享受省产业转移政策。至2015年底，入园（含签约）项目83个，计划总投资232亿元，已有29个项目（首期）建成投产或试投产。园区高新电子、日用化工、生物制药、五金家电等工业产业加快集聚发展态势，各项经济指标持续快速增长，获得云浮市2015年园区考核评比第一名。2017年底，佛山（云浮）产业转移工业园双东分园规划面积拓展至14.26平方千米，累计建成厂房80万平方米。入园项目（含签约）增至117个，56个项目建成投产、试产。

商贸繁荣昌盛。1993年前，国有商业、合作商业占主导地位。1993年后，个体私营经济已成为全市商贸流通的主要组成部分。2017年社会消费品零售总额达到110.66亿元，比2016年增长12.3%。商品市场大流通格局基本形成，低、中、高档商品齐全，购销两旺，基本满足人民群众日益增长的物质需求。

基础设施建设加快发展，投资环境不断改善。20世纪70年代末，罗定县城面积仅有2.6平方千米。从1982年开始，先后制订了3次城区发展总体规划。2003年，市区建成面积已达到19平方千米，城区常住人口24万人，全市城镇化水平达到30%。2017年市区建成面积扩大到26.3平方千米，城区常住人口30万人，全市城镇化水平达到32.33%。基础设施快速发展，到2015年底，已建成了县级机场、铁路、码头，贯通市内的国道省道全面扩建改造，实现镇镇通等级公路，村村道路硬底化。2017年底，云罗、罗岑、江罗、罗阳高速公路已建成通车。罗信高速（罗定段）先行工程已于2017年2月启动，怀罗高速已完成前期工作。以电力为主的能源建设不断加强，有水电、火电与省联网，电力充足。现代化通信设施，信息网络发达。还设有海关、检验、检疫，有外商投资服务中心、行政服务中心。

市委、市政府实施"科教兴市"战略，不断加强社会主义精神文明建设，教育、科技、文化、卫生、体育等社会文化事业健康蓬勃发展。2017年，全市基础教育学校占地面积达476.41万平方米，校舍建筑面积206.48万平方米，教职工14462人，在校学生211772人，学龄儿童入学率100%，初中升学率98.65%，高中阶段教育毛入学率95.02%。2017年全市经省认定高新技术企业10个，高新技术企业总产值16.32亿元；申请专利639件，同比增长29.09%；有省级技术创新联盟1个，科普教育基地18个。文艺创作成果丰硕，文化活动异彩纷呈，罗定粤剧团长期坚持下乡演出。已形成报刊、广播电视、电影、群众曲艺、祠堂文化、广场文化等多元化文化网络。医疗卫生基础设施建设不断加强，人事体制、医疗体制和药品流通体制的改革顺利进行，医疗技术、医学科研水平不断提高。体育工作成绩显著。围底籍击剑运动员朱明叶获得2012年意大利站国际剑联女子重剑世界杯赛团体冠军、2017年西班牙站国际剑联女子重剑世界杯团体冠军、2017年香港亚洲击剑锦标赛女子重剑团体冠军。

二、发展展望

"十三五"期间（2016—2020年），罗定发展目标为：与全省同步，率先全面建成小康社会，经济社会整体发展水平位居云浮市前列。全市经济增速高于全国全省平均水平，地区生产总值年均增长11.5%，城乡居民人均收入年均增长12%。2018年，全市生产总值和城乡居民人均收入比2010年翻一番；2020年全市生产总值可望达到305.9亿元，城乡居民人均收入达到24923元。发展空间格局明显优化，发展质量和效益进一步提高，主要经济指标平衡协调，创新活力显著提升。

现代农业加快发展，工业化和信息化融合发展，服务业比重进一步上升，新产业新业态不断成长。佛山（云浮）产业转移工业园双东分园建设加快推进，建成一批集聚发展条件好的产业载体，打造一批创新能力强的大型龙头企业，形成一批带动力强的主导产业和产业集群。产业整体素质和综合竞争力明显提升。

全面开通罗岑铁路和罗阳、江罗、罗信、怀罗等高速公路。规划建设经停罗定市的高速铁路和铁路客运专线，规划建设云浮罗定支线机场，形成以高速公路为骨架，公路、铁路、机场衔接顺畅的综合交通运输网络；能源、水利、信息化等基础设施支持保障能力明显提升。

加快中心城区扩容提质，加快新型城镇化步伐，推进城镇与产业协同发展，建成云浮最大的副中心城市，辐射带动以石灰石资源产业促发展的东部城镇群。以文化资源产业促发展的南部城镇群、以生态资源产业促发展的西部城镇群协调发展，城镇体系加快完善，户籍人口城镇化率加快提高。就业、教育、文化、社保、医疗、住房等公共服务体系更加健全，基本公共服务均等化水平稳步提高。全部贫困人口实现脱贫，城乡居民收入差距缩小，人民生活水平和质量普遍提高。"中国梦"和社会主义核心价值观更加深入人心，诚信互助的社会风尚更加浓厚，人民思想道德素质、科学文化素质、健康素质明显提高，社会法治意识不断增强。

推进国家循环经济示范县（市）建设。推进农产品质量安全县（市）建设。推进广东省新型城镇化"2511"（即选择2个地级市、5个县区、10个建制镇作为新型城镇化综合试点，选择10类项目作为新型城镇化专项试点）综合试点县（市）建设，完善主体功能区布局和生态安全屏障，推广绿色、低碳的生产方式和生活方式，打造低碳循环、宜业宜居的生态环境。能源和水资源消耗、建设用地、碳排放总量得到有效控制。主要污染物排放大幅减少。

罗定市"十三五"经济社会发展主要指标

类别	序号	指标	2015年	2020年	年均增长（%）
一、经济发展	1	地区生产总值（亿元）	177.5	305.9	11.5
	2	人均地区生产总值（万元）	18187	29962	10.5
	3	城镇人口占常住人口的比例（%）	31.25	45	—
	4	三大产业比例（%）	22：39.7：38.3	17.9：42.3：39.8	—
	5	服务业增加值比重（%）	38.3	39.8	—
	6	地方公共财政预算收入（亿元）	11.49	19.36	11
	7	全社会固定资产投资总额（亿元）	146.19	294.04	15
	8	社会消费品零售总额（亿元）	85.14	163.93	14
二、创新活力	1	研究与发展经费支出占地区生产总值比例（%）	0.82	1.1	—
	2	科技进步贡献率（%）	53	56	—
	3	技术自给率（%）	65	75	—
	4	每万人发明专利拥有量（件）	0.92	1.05	2.7

（续表）

类别	序号	指标	2015年	2020年	年均增长（%）
三、社会民生	1	城乡居民人口可支配收入（元）	14142	24923	12
	2	城镇登记失业率（%）	2.48	≤3.5	—
	3	每千名人口执业（助理）医师数（人）	1.22	2.8	18.1
	4	每千名老年人口养老床位数（张）	30	40	5.9
	5	贫困发生率（%）	5.21	0	—
	6	城镇保障性安居工程建设（套）	495	3800	50.3
	7	高等教育毛入学率（%）	32.78	40	—
	8	基本社会保险覆盖率（%）	95.3	96.8	—
四、生态文明	1	耕地保有量（万公顷）	5.44	5.2513	-0.7
	2	单位工业增加值用水量（立方米/万元）	77	75	-0.5
	3	单位生产总值能源消耗降低（%）	—	完成云浮下达任务	
	4	单位生产总值二氧化碳排放降低（%）	—	完成云浮下达任务	
	5	主要污染物排放减少	化学需氧量（%）	-11.3	完成云浮下达任务	
			二氧化硫（%）	-39.7		
			氨氮（%）	-11.3		
			氮氧化物（%）	-28.5		
	6	城区空气质量达标率（%）	100	100	—

（续表）

类别	序号	指标		2015年	2020年	年均增长（%）
四、生态文明	7	城区PM10浓度（微克/立方米）		42	42	—
	8	省优良水质断面比例（%）		100	100	—
	9	城镇生活污水处理率（%）		77.79	85	—
	10	城市人均绿地面积（平方米）		12	12.5	0.8
	11	森林发展	森林覆盖率（%）	62.58	62.58	—
			森林蓄积量（万立方米）	782	933	3.6

第二章

大革命时期和土地革命战争时期

第一节 横岗暴动前的形势

一、党组织的建立

经中共广东区委批准，中共罗定县特别支部于1926年4月正式成立，由李芳春任书记。党员除李芳春外，还有赖金章、谭奇泉、李锐春、吴寿明、黎灿、邬广汉、陈钜、黄河源等8人。随后在农民、工人、学生中吸收了王铁军、王鼎新、卓丕霞、李祥新、李卓新、李仁夫等加入党组织。为争取国民党左派力量，以利于统一战线工作的开展，也先后吸收了李雨亭、李德星等国民党员加入共产党组织。不久，中共罗定县特别支部党员已由成立时的9人发展到50多人。

与此同时，共青团罗定特别支部也宣告成立，有团员20多人，由邬广汉任书记。

罗定党团组织的建立和发展，为迎接革命的新高潮打下了坚实的组织基础。

二、建立农会和组织农民自卫军

省农民协会成立以后，尤其是东征与南征的胜利，广东农民运动在全省范围内进入高潮时期。为了加强对各地农民运动指导工作，省农民协会于1926年1月间，在潮梅海陆丰、惠州、北江、南路、西江、琼崖6个地区设立办事处。设于肇庆市的西江办事处由周其鉴任主任，李芳春任书记，陈均权任委员。

在中共西江地委的领导和省农民协会西江办事处的具体指导下，中共罗定县特别支部站在农民运动前列，发挥领导与中坚作用。先是在四区的泗纶、云致、乌石、雅蒲、双脉、三和等乡组织成立农民协会，接着，又在五区的大榄、棠梨与三区的罗平、竹围等乡组织成立农民协会。正当一批新的农民协会建立起来之时，一区区卓藩与四区的区长王葆衡等一股反动势力，分别在生江、箣竹和泗纶等区乡，对农民协会和会员进行敲诈勒索，拘押泗纶高寨潘姑等3名农民协会会长，企图破坏深入发展的农民运动。李芳春接报后，立即组织农民协会进行反击。既指令生江农民协会农民自卫军缉拿区卓藩并押送县农民协会筹备处惩处，又与县长林应沣交涉将王葆衡召至县署训斥，李芳春深刻揭露反动势力破坏农民协会，欺压农民群众的反动面目，唤醒农民为维护民众利益而斗争。李芳春为维护农民利益而组织的斗争，击败了反动势力的进攻，赢得了广大农民的支持和拥护。农会发展迅猛，农民协会在四区、一区、六区、五区和三区已建立73个，会员达到4188人。同时，又不断组织发展农民自卫军，成员发展到3000多人。李灿英任县自卫军总队长兼大队长，李钊春任副大队长兼中队长。紧接着，又召开大会成立罗定农民协会，选举王鼎新（王藜阁）为主席，谭奇泉、陈元申、李锐春、董荣成等9人为执行委员。这时，罗定农民运动已进入了一个新的发展时期。

三、减租减息斗争

自广东省第二届农民代表大会于1926年5月1日在广州召开，向全省发出《减租减息宣言》之后，罗定县农民协会也在县城召开减租减息群众大会，除传达贯彻省二届农会精神外，也向全县发出了《减租减息宣言》，宣布实行"二五"减租，废除地主使用的大斗大秤，统一使用农民协会规定的正斗市秤，废除担头钱米、钱信鸡鸭等苛捐杂税，反对高利贷剥削，不准超息一分和重制累计。

为了全面开展减租减息斗争，中共罗定县特别支部与农民协会，组织专门队伍负责扩大宣传和执行落实。在教育局局长黄裳元，新任省立第八中学校长陈智乾，女子高等小学校长兼县妇女解放协会主席傅德清等教育界左派主要领导的支持下，以罗定中学（省立第八中学）师生为基本队伍，组织下乡宣传。秋收前，又建立县、区、乡三级农民协会领导的封租委员会，负责查封抗拒减租减息的地主、土豪的租谷。强大的宣传攻势与封租队伍的行动，推动了减租减息斗争在县内全面开展。

在减租减息斗争深入进行时，德义祠和菁莪书院（简称"两局"）贪污事发，激起民愤，县内各区乡农民协会强烈要求对其清理。李芳春对此十分重视，决定以抓清理来鼓舞农会士气，灭地主恶霸威风。"两局"财产是前清学产，仅水田就有667公顷，年收租谷40万千克。"两局"管理由县内各区派代表一人组成的六人"管理委员会"负责，其"总理"之职始终为大地主梁雨生所霸。在梁雨生、陈少白及赖少鹤的把持下，年侵吞租谷25万多千克，租钱8万光洋及米5000千克，用于办学或公益事业的开支不足30%。李芳春为清"两局"，平民愤，即组织县特支和县农协召开联席会议，决定印发由县农民协会李仁夫编写的《清理"两局"宣言》《清理"两局"歌谣》；召开民众大会，公布"两局"内情。并在县城召开万人誓师大会，揭露"两局"黑暗的内幕，散发了大量有关清理"两局"的"宣言"与歌谣等宣传资料。"两局"总理梁雨生拒不到会并随后外逃，县长陆耀文也出逃广州。会后，李芳春先率新组成的管委会人员清理接管"两局"，当场查收契券薄据6箱；后领县农军常备队300人前往替卜，包围大地主梁雨生宅院梁家庄，对其追缴4000光洋和封存全部租谷。

这些行动，鼓舞了广大农民的士气，壮大了农会，打击了地主反动阶级的嚣张气焰。地主等反动阶级对这些行动也恨之入骨，伺机报复。

反动民团三罗总指挥陈镜轩与苹塘民团团长陈明新，反动骨干陈文波、梁宴池等，诬称苹塘农军招揽土匪，纠集罗定、云浮、郁南三县交界反动民团2000多人，镇压苹塘农民协会。李芳春获悉后，立即与农军总队长李灿英率常务队以及各地农军1800多人，开赴苹塘与反动民团进行战斗，击毙民团20多人，活捉几十人。后因县长陆耀文到来调停而双方撤军。

第二节 第一次横岗暴动

一、迎击"清党"，准备暴动

1927年4月2日，国民党中央监委会在上海召开"紧急会议"，会议通过了《中国国民党中央监委会咨请执委会处置各地共籍叛乱分子咨文》，对共产党进行"非常处置"。3日，蒋介石主张立即"清党"。4月6日，肇庆驻军包围了省农会西江办事处、高要县农会、肇庆总工会等，逮捕了中共西江地委书记、省农会西江办事处主任韦启瑞等。共产党员和工农骨干30多人被捕，西江各县农会随后也遭查封，大批共产党员和农会骨干被捕杀害。

4月12日，蒋介石在上海发动"四一二"反革命政变，大规模搜捕共产党员、工农运动骨干和进步人士，疯狂镇压革命运动。当日，国民党右派集团在广东的代理人李济深、古应芬等带着"清党"密令，从上海回到广州，并于4月14日下午召集广属警备司令钱大钧、广州市公安局局长邓彦华、第五军军长李福林等召开紧急会议，谋划在广东实施反共"清党"。会议决定：用"最敏捷的手段"，对共产党和人民群众"实施武力解决"。15日凌晨，反动军警四处出动，开展搜捕共产党人和革命群众的大规模行动，广州处于白色恐怖之中，这就是广东的"四一五"反革命政变。5月24日又成立了"广东省清党委员会"，6月24日，南京国民党中央政治会议决定改组广东省政府，由李济深任主席。同时扩编了广东省的反共军事力量。为进一步掀起对各地武装组织的镇压浪潮，李济深派出得力的干将到各地，在广东省实施全面的反共"清党"行动。徐景唐（肇罗阳五邑警备司令）被派到西江负责"清党"工作。这时，广东的形势急剧恶化，各地党组织和革命武装面临着严峻考验。

国民党反动派在广东发动的"四一五"反革命政变，标志着国共两党合作在广东已彻底破裂，此时广东转入第二次国内革命战争时期（即土地革命战争时期）。

中共广东区委对国民党右派的反共分裂活动早有所觉察，并做了一些应变的思想准备和其他方面的准备工作。1926年冬，中共广东区委书记陈延年指示各级党组织：要发展工农武装，警惕右派叛变革命，提防他们突然袭击。1927年4月上、中旬，中共广东区委获悉蒋介石在上海召开反共"清党"会议的消息后，即发布党内紧急指示，要求全省各地党组织和农民自卫军，加紧做好武装暴动的准备工作；并派专人到各地具体部署和领导武装暴动。同时还确定5月初为全省武装总暴动的日期。"四一五"反革命政变前夕，中共广东区委派黄学增为巡视员，到罗定、广宁等西江各县开展武装暴动的组织工作。随后，黄学增担任中共西江地委书记。不料，国民党广东当局抢先于4月15日发动反共政变，致使形势发生了突变。

此时，中共罗定县特别支部正在策划、部署和领导第一次横岗暴动。

1927年4月15日，得知国民党广东当局在广州发动政变的消息后，在罗定邮政总局工作的邮译员、共产党员何崇勋立即将电文抄报李芳春。李芳春连夜在县城南门头的昇平馆楼上召开了有中共罗定特支、农会执委、县城的党员及农会骨干参加的联席会议，商讨如何组织和部署反"清党"的对策。会议决定党组织机关撤离罗城，以横岗为中心，举行横岗暴动（即第一次横岗暴动），组织革命武装粉碎反革命"清剿"计划。会上李仁夫提出"先发制人"的策略，认为经过苹塘战斗考验和严格军事训练的罗定农军的战斗力一定能够战胜"清党"武装。当时负责在罗定"清党"的省守备军只有一个团1000多人的兵力，而农军则有5000多人的兵力，只要迅速集中，采取"先发制人"手段，暴动一定会取得胜利。会议还决定，特别支部和农民协会的领导机构以及驻县的常备军连夜撤回横岗，建立暴动的领导指挥机构。同时指派邬广汉、李春馨、李仁夫分别回生江、苹塘、云致组织农军准备集结横岗，发动群众做好迎击反动派"清党""清乡"的战斗准备，随时举行横岗暴动，以革命武装反击国民党的"清党"武装。

二、第一次横岗暴动和暴动的失败

1927年4月15日后半夜，李芳春率县模范军撤回横岗，立即部署修筑工事等工作，准备反击反动派的"清党"进攻。李仁夫回云致后，因云致农军控制在张日熙之兄、大地主张缉卿手上，发动不起来。张缉卿其实是个两面派人物。他的一个弟弟张志熙在国民党省政府工作，国民党"清党"后便走向反动的一面。李仁夫在云致住了两天后便到泗纶组织农军，他一面令黄烈周通知各乡农军集中，一面派人前往横岗同李芳春联系。这时，在反动武装的疯狂"清剿"中，各乡农会已没人驻守。同时，黄烈周又被黄伯伦通过以"保家"为名"保持中立"的谈判拉了过去；前往横岗的人回头说李芳春已转移没联系上，因而无法将农军集中起来赶赴横岗。这时，李仁夫在王占芬的带领下转移到广西隐蔽。派往苹塘组织发动农军的李春馨叛变了。在沙㙟一带组织农民协会的李庆春也逃跑了（后同李少仲一起参加国民党军队）。一区农军中途又受到反动武装的阻击，只有少数人到达横岗。在这样的恶劣的情况下，各路农军没能按照计划集结横岗。

国民党反动派方面，罗定县的国民党反动当局接到"清党"令后，立即进行武装"清党""清乡"大扫荡。4月16日，省守备军二团团长韩汉英会同民团武装共2000多人直扑横岗，妄图一举歼灭农民武装。在各路农军因客观原因失去联系，无法集结的情况下，李芳春带领农民自卫军及一区部分农军300多人顽强抗击韩汉英部的进攻。由于强弱悬殊，农军终因寡不敌众，被迫从横岗撤退到赤岭、松木等山区隐藏。

4月17日，韩汉英率领省守备军及反动民团5000多人，开赴四区黎少六迪乡、泗纶，一区生江，六区苹塘等乡村，实行对农会和农军的"清剿"，并放火烧毁了农会会址和李芳春及其他农运骨干的住宅，实行烧、杀、抢，农会骨干多人遭逮捕杀害。生江农会主席卓丕霞亦被捕牺牲。随后，国民党反动派的武装"清党""清乡"向全县各地推进。所到之处实行疯狂的烧、杀、抢。四区六迪、大陂，一区的乌石、雅荫等乡被烧成废墟。凡有农会的乡村，群众四处逃散，不敢在家居住，全县城乡处于一片白色恐怖之中。

就在这时候，中共罗定县特别支部接到上级党组织关于"转移地区，保存实力，坚持长期斗争"和要李芳春前往东江与彭湃联系的通知。4月21日，李芳春最后一次在山歧主持召开中共罗定县特别支部的紧急联席会议，传达上级党组织的精神。会议决定，鉴于急转直下的形势，暂时对农军不利，农军和党组织领导人员宜化整为零，保存实力、分散隐蔽、潜伏以待、等待时机，迎接新的战斗。会后，李芳春带领一支20多人的手枪队转战山歧、赤岭一带高山密林之中，准备与敌人周旋。第一次横岗暴动失败了。

三、李芳春被捕牺牲，罗定革命陷入低潮

1925年，李芳春受国民党中央农民部派遣，以特派员身份回罗定领导农民运动，先后组织了区、乡、县农民协会，并组织了农民自卫军，积极开展减租减息和农民武装斗争，极大地打击和动摇了国民党反动派的统治地位。因此，国民党右派对李芳春早已恨之入骨。他们以"迭被控告有不法行为，省农民部以其既失该地方民众信仰于工作殊多窒碍"等不应有的罪名对李芬春加以陷害。广东国民党当局任命罗定的反动分子李家超为罗定县农民运动指导员兼罗定县农会改组委员。"四一五"反革命政变后，李家超便在横岗圩纠集了一班反动土豪劣绅，并勾结三罗头号大地主梁雨生，日夜密谋杀害李芳春。梁雨生首先悬赏5000元白银捉拿李芳春，能够告密报案的也赏3000元。李家超等人则住在横岗圩，对六迪村的李芳春的亲属极尽拉拢收买及恐吓之能事，李国春就是被他们收买的叛徒之一。

1927年4月底，转战在山歧、赤岭一带的李芳春，面对这样的险恶形势，决定按上级通知前往东江与彭湃联系，听取中共广东区委对罗定工作的指示。出发前，他和手枪队、山歧的父老乡亲商量，往东江的路线应该怎么走才安全。在听取群众和手枪队战友意见之后，决定走广西岑溪至梧州乘船去香港，再转东江这一线路。因从罗定至岑溪和从岑溪至梧州，沿途山高林密，远离政治中心，反动派不易控制，走路比较安全；再是岑溪县的望路（间）村同罗定的六迪村是世交的宗亲，他们已通知李灿英等人前去他们那里潜伏，故只要到了望路（间）村，他们将会派人护送李芳春，并通过梧州方面可以秘密弄到往香港的船票。如果选择走大湾至南江口乘船去香港，则不容易通过反动派的封锁线。

路线确定后，因为李芳春对广西这条路线不熟，选择谁去带

路问题必须认真研究。大家认为，带路人必须具备两个条件，一是在政治上绝对可靠；二是非常熟悉这条路。根据这两个条件，原先确定的带路人是山歧村的李启新，因为他既是手枪队的队员又是李芳春的宗亲，而且同望路（间）村乡亲有密切的来往。李启新本人也十分乐意，表示可"用自己的人头担保李芳春的人头"。但是，到出发这天，李启新肚子突然剧痛而不能成行。于是，李芳春等人经紧急研究，决定回六迪村找李国春（平时叫李国，人称毛国）带路。李国春是李芳春的堂兄弟，平时较亲密，他又是广西的行商，对路途也非常熟悉。再说，李国春少孤，由李芳春的祖母养大，十四五岁便让他到父辈兄弟在横岗开设的福兴隆杂货店帮工，十八九岁才出来做小生意。因此，让李国春带路最为合适，但他们做梦也没想到，李国春其实早已被李家超、梁雨生等人收买。

4月30日晚上，李芳春同李国春一样，以小商贩的打扮，身上藏着两支子弹上了膛的短枪，摸黑直往岑溪的望路（间）村急行。5月1日傍晚便到达岑溪县筋竹附近的黄陵山上。山上有一间山寮，是四区替芳垌村陈木在那里砍伐松木的临时住所。李国春提出先在山寮休息一个晚上，第二天早上再赶路，并说到达筋竹已经安全了。李芳春问距望路（间）村还有多远，李国春欺骗李芳春说还有二三十千米，其实只剩下六七千米，当晚完全可以赶到望路（间）村。李芳春听他这样说，便同意在陈木的山寮休息一个晚上。刚住下，李国春便吩咐李芳春先休息，说自己要往筋竹圩买些肉类青菜回来做晚餐，并顺便买一双草鞋穿起来好走路。实际上，李国春是直奔筋竹圩向反动民团陈琼三告密，让陈琼三立刻派人通知与岑溪毗邻的广东郁南县第九区（即今罗定替滨）区长钟赞周。钟赞周连夜派出数十警兵前往筋竹圩，联同筋竹反动民团于第二天天亮前包围了陈木的山寮。李芳春举着两支手枪从屋后冲到后山，想借山高林密的掩护冲出敌围。但由于敌众我寡，最终还是被敌人逮捕。5月3日，李芳春从筋竹圩被押回朁滨圩。当时，已转移到广西岑溪望路（间）村的农军领导李灿英知道李芳春被捕的消息后，立刻组织了80多名望路（间）村的农军赶到筋竹圩营救李芳春，但当农军到达筋竹时，李芳春已被钟赞周的警兵押走，到达了郁南县境的黄陵逑，只好收兵。随后，李锐春亦带着李雨亭的亲笔信前往广州找李芳春的堂姐夫沈炽云（广东省军事厅上校股长）设法营救李芳春，结果无功而返。

钟赞周把李芳春押回朁滨圩，滞留了五天，目的是等收到梁雨生交来5000元白银的"花红"，才肯把李芳春押到罗定县署。钟赞周收到"花红"后，梁雨生的代表又提出要钟赞周在押解途中把李芳春杀害，怕把李芳春交给县署后会留后患。双方商定：将李芳春解押到去罗定县城途中经过的郁南县境内的鸡梯岭竹笪庙，梁雨生派人再送白银数千元，钟赞周收到钱后就在竹笪庙杀掉李芳春。5月7日，钟赞周亲自押解李芳春前往罗定县城。他怕李芳春故意拖时间，便请人用不盖顶的竹笪轿抬着李芳春走。他自己也请了专轿在后面跟着。是日中午时分，到达了竹笪庙。钟赞周在收到了梁雨生派人送来的杀人钱后，便叫李芳春落轿。李芳春识破了敌人的阴谋，很从容地走下竹轿，大声说道："我知道你们的阴谋是要杀害我李芳春，但你们杀了我李芳春，却杀不了千千万万的共产党人！"说完大声高呼："共产党万岁！共产党万岁！"敌人朝着他连发数枪，李芳春才在高呼声中倒下，为共产主义事业献出了年轻的生命，牺牲时年仅23岁。事后，钟赞周向罗定县署诡称：李芳春逃跑，遂将其击毙。敌人还将李芳春的遗体抬回罗定县城大东门城头上暴尸示众三天。当时，全城民众悲愤垂泪，每天早晚往大东门码头挑水、洗衣的市民经过大东门时，都放慢脚步，生怕惊动了死者的在天之灵。时任县长的苏世杰曾站在县署前远望城头假惺惺地举手敬礼，还喃喃地说什么"当今世界上英雄俱以身殉职……"。掩埋李芳春的那天，黎明前下了一场暴雨，有人在大东门前看见一张小纸条，上面缀着一朵小白花，花下面有一行小字写着："李芳春同志永垂不朽！你的英琼。"这是在李芳春影响下成长起来的两位学生运动的骨干陈泗英、陈琼英不顾安危，冒险为李芳春送的挽联。

第一次横岗暴动失败和李芳春被捕牺牲后，李芳春组织的手枪队依然在山歧、赤岭一带活动，出卖李芳春的李国春也被手枪队缉拿处决，叛徒终于得到了应有的下场。不久，李钊春等少数人去了香港，李灿英等手枪队员去了广西岑溪县的望路（间）村，陈泗英、陈孚同转去广州读书，辛其远去了台湾，李锐春、陈卓亚（陈钜）、黄河源等人去了广西，谭永忠、潘宗声被捕，李明四（李增东）去了云南，王鼎新在加益被捕牺牲。谭奇泉往东江未回。1927年5月，反动骨干李家超在古榄逮捕了外地读书回云致探亲的留学生、共产党员张定汉，并在押解县城途中于替濮将张定汉杀害。此后，罗定的革命斗争一度陷入低潮。

罗定第一次横岗暴动虽然失败了，组织和领导第一次横岗暴动的李芳春也牺牲了，但是，罗定工农群众在上级党组织的领导下，认真查找了失败的原因。认为失败的原因一是"党的力量太弱"，"党员全是单一的军事行动"，"而且未能使农民群众了解暴动的意义"，未能以农民协会为领导；二是农军的力量过于分散，遇到突发事件难以集中；三是武器枪支、弹药少且较落后等。

然而，这次暴动表现了共产党人和工农群众在敌人的血腥屠杀面前奋起抗争的大无畏精神，是罗定党组织领导罗定人民武装反抗国民党反动派的开端，对推动革命斗争向前发展起到了积极的作用，鼓舞了共产党人和人民群众的革命斗志。同时，也为中国共产党武装夺取政权进行了一次有益的探索。

第三节　第二次横岗暴动

一、恢复中共罗定地方党组织和部署第二次横岗暴动

1927年4月15日，国民党右派广东当局发动"四一五"反革命政变以后，一方面对各地的工农群众运动实行种种限制，实施白色恐怖；另一方面对奋起反击的各地工农武装起义实行血腥的军事镇压。面对当时的局势，6月15日，中共广东特委（1927年五六月间，广东区委一度改称广东特委）又发出了第三号通告，号召各地党组织"必须坚决地鼓动农民起来进行有计划的暴动"，反抗反动派的暴行。同时还颁布了《广东各县破坏工作纲领》，提出"没收军阀、贪官污吏、买办、土豪劣绅、地主武装"和策动兵士挟械私逃，运动军队倒戈等10项行动纲领。

8月7日，中共中央在汉口召开紧急会议（即八七会议），确定了土地革命和武装反抗国民党反动派的总方针，把发动农民举行秋收暴动作为当前党的最主要任务。八七会议后，新成立的中共广东省委根据中央指示精神，结合广东的实际，先后制定、通过了《暴动后各县市工作大纲》《我们目前的任务与政策》《最近工作纲领》《关于农民运动工作大纲》等文件，对全省土地革命的深入发展和秋收起义作了具体部署。1927年夏季以后，广东省委指派黄学增任西江特委书记，谭冬青（即谭涤宇）任西江巡视员。谭冬青，罗定籍人，1921年在罗定中学读书，后转入

广州广雅中学，1924年考入上海大学社会科学系，并加入中国共产党。曾参加上海五卅运动。1926年留学日本，1927年回国后在中共中央机关工作，曾任中共中央总书记陈独秀资料室秘书。自中共中央机关从武汉迁回上海后调到广东。同时，省委指派杨永绍为中共罗定特别支部书记，李域、黄荣等为工作人员，赴罗定传达贯彻八七会议精神和省委指示，以加强西江地区的领导和恢复西江各地的党组织工作。同时，中共三罗党组织派王平为保卫员，与杨永绍等一道到罗定开展恢复党组织及农民协会等工作。从8月下旬开始，继夏季讨蒋起义之后，广东省委在全省范围内再一次掀起了武装起义高潮。

1927年5月底，杨永绍（广东东莞人）到罗定后，由于罗定此时仍处于白色恐怖之中，他先在县城秘密地进行联系有关人员的工作。杨永绍在香港时，向邝广汉等人初步了解到一些罗定的有关情况。他只知道共青团员谭永忠和潘宗声已被捕，但不知道隐蔽在罗定邮局当邮译员的何崇勋（共产党员），罗定省立第八中学学生共青团员唐玉基（唐醒民）和陈琼英（陈慧霞），五四运动期间宣传过十月革命和马克思主义的教育局局长黄裳元，八中校长谭瑛璋，女子高等小学校长苏绍年等骨干的去向及情况，工作压力极大。杨永绍等人在罗定县城逗留的两天里，秘密视察过罗定农会旧址李家祠和农运与学生运动活跃的苏屋巷的"精舍"及南门头昇平馆，考察了大革命失败后的民情，知道了受五四运动和五卅运动影响较大的罗定人民，尽管遭到反动派的血腥镇压，但革命的怒火没有熄灭。杨永绍等人更从民众对李芳春牺牲的同情怀念中受到极大鼓舞。杨永绍、李域、黄荣等认为，罗定人民的革命斗争决不会因敌人的血腥镇压而从此终止下来。中共广东省委指示重新组织发动农民暴动，是很及时、很正确的。但是，杨永绍等人也知道，要在农民革命运动受到极大摧残和白色恐怖的情况下，重新掀起农民革命运动新高潮，也是一件极为艰苦的事情。因为当时大多数农运骨干，牺牲的牺牲，被捕的被捕，躲藏的躲藏，变节的变节，即使农运中心的四区、一区和六区的大多数群众，依然没有多少人敢回家居住。面对这样的局面，杨永绍等人同有关方面经过认真商量研究后，决定以四区横岗高山密林中的松木大樟根为中心重新开辟革命根据地，开展恢复党的组织和部署暴动工作。杨永绍等人秘密了解到李芳春的亲弟、罗定农民自卫军的副队长、共产党员李钊春在横岗至广西岑溪一带的深山，率领着十多人的队伍，勇敢机智地与敌人周旋着的重要情况后，便决定前往四区横岗六迪村找李钊春。

杨永绍等人到达六迪村，看见李芳春等农运骨干的房屋已全部被烧毁，而村民因多数是农民协会会员和农民自卫军成员，小队长以上骨干已远走他乡，其余的人都躲避到山上，白天不敢回来。杨永绍等人装扮成收买桂皮的外乡人，继续往李芳春生前带领手枪队活动的山歧、赤岭一带寻找，终于在一间山寮里找到李钊春。当杨永绍从密袋里取出中共广东省委的介绍信交给李钊春看的时候，李钊春还一时不敢相认。经过几番审慎的交谈，才接上了头。接着，李钊春便领着杨永绍等人到广西岑溪县望路（闸）村，找到原农民自卫军总队长兼大队长李灿英和县农民协会庶务李锐春等人。杨永绍向他们传达了八七会议精神和广东省委的指示，使他们明确了上级党组织布置的工作重点及要求。三天后，杨永绍、李钊春、李灿英等人便从广西回到山歧、赤岭一带，并重新把当时的手枪队员集结起来，共同商议恢复党组织和武装暴动事宜。

1927年6月间，在杨永绍、李钊春等人的策划下，首先恢复了中共罗定特别支部，支部书记为杨永绍，同时重新建立了农民自卫军。接着，分头到横岗等乡村做恢复农民协会和发展农会骨干等工作。经过短短的两个月时间，就恢复了松木、赤岭、山歧、蒲竹、大陂、六迪、四亨塘、园珠、石赖和连州云致等十多个乡村的农民协会，聚集了李钊春、李灿英、张日熙、张大伟、李顺甫、欧学南、陆伟庭、唐沃、王明沂、谭如照、李挺新、岑冠亚等一批农运骨干，建立了一支700多人的农军队伍。这时，罗定特别支部认为，第二次横岗暴动的条件和时机已经成熟，可以举行第二次暴动，并做出了具体的部署，决定把松木乡农会大樟根村大山顶祠堂和李顺甫家作为暴动的指挥中心，暴动总指挥为杨永绍，指挥成员有李钊春、李灿英等人。暴动日期定为8月18日，暴动的攻打目标是设在横岗圩团练局的四区治安会。农军分为四路，分别由杨永绍、李钊春、李灿英、张日熙率领，从松木、大陂、横岗、赤岭四个方向攻打横岗四区治安会。暴动成功后立即成立罗定县苏维埃人民政府，并建立以四区为中心的红色根据地，同时扩大苏维埃武装队伍，以革命的武装反抗反革命武装，迎接西江地区的大暴动。

二、第二次横岗暴动的开展

1927年8月1日，中国共产党发动和组织的南昌起义，对全国的武装暴动起到了极大的推动和鼓舞作用。罗定特别支部通过筹划后定于8月18日举行的第二次横岗暴动（简称"八一八"暴动），是中国共产党罗定党组织贯彻执行中共中央八七会议和省委关于"必须坚决地鼓动农民起来进行有计划的暴动"等一系列指示的具体行动。

暴动前，暴动指挥部做了大量的宣传工作，并印发了大量的标语口号、传单分发到乡村。对广大人民群众进行宣传发动，使农民群众了解暴动的目的意义。传单中有革命歌谣，如"我地工农兵，同兄弟，已经冇路行，只有去奋斗。想出头，有何计？人多本应势力强,唔通我地系衰仔?个阵时,自己当主人,做番好世界,组织苏维埃,肃清反动派,工农握政权,好处讲唔晒!有福大家享,有酒大家醉,土地革命成功万岁万万岁,地主劣绅要治罪!工农一起来,没收分田地,大家分个够"等。

8月18日拂晓,杨永绍、李钊春、李灿英、张日熙分别率领集结在横岗附近的黎少、生江、云致、泗纶等地的农军700多人,分成四路从松木、大陂、横岗、赤岭四个方向攻打国民党罗定县横岗四区治安会。早上8时左右,各路农军握着长枪、短枪、火药枪、大刀、长矛、三叉等武器,举着鲜艳的镰刀斧头旗,如潮水般涌向横岗圩,把横岗四区治安会重重包围起来。霎时间,枪声四起,喊声杀声震天。暴动农军一边高呼"打倒国民党反动派!打倒贪官污吏!打倒土豪劣绅!打倒恶霸地主!土地革命万岁!中国共产党万岁!"等口号,一边对治安会发起进攻。当时,在治安会内的治安军有一个中队二三十人,被吓得魂不附体,急忙钻进炮楼内,同时派人前往县城向驻守在罗定的省守备军告急求援。治安会的所丁则用大木顶死大门,躲在楼顶上,用四挺机关枪从炮楼的四个角落向农军扫射。围攻炮楼的农军与之对垒,一个多小时战斗后,治安会的炮楼仍然无法攻下。经过苦思冥想之后,暴动总指挥杨永绍一面命李钊春带一队农军占领横岗东面寨坪岗顶以堵截敌方从县城来的援兵,一面派农军到商店扛来数十罐煤油,向炮楼四面浇上,准备用火攻炮楼内之敌。同时,在外面大声喊话:"缴枪不杀!起义立功受奖!治安兄弟快下来!不要再为反动派卖命!"但敌方仍然负隅顽抗,继续不断用机枪往外扫射。过了一会儿,省守备军第二团韩汉英部联合由陈镜轩指挥的罗定反动民团共1000多人,气势汹汹地扑向横岗。面对敌人的强大兵力,杨永绍被迫决定农军立即撤退往大陂、赤岭、云致以保存革命实力,然后再作下一步打算。

韩汉英部反动军队到达横岗时，杨永绍率领的农军已全部撤离。韩汉英一时不知农军的去向，只好在横岗圩驻守待命。而农军撤退到云致等地后，继续与敌周旋、战斗。

三、在云致挂起罗定县苏维埃人民政府牌子

8月18日晚，杨永绍率领农军往云致、新榕方向转移，准备与敌人打游击战。是日深夜，到达三家店附近的山道中休息时，杨永绍就地召集农军众指挥举行战地会议，商讨对付敌人的策略和下一步的计划设想。决定派李钊春、李灿英、李辉南等绕道从郁南、罗定两县边界小路前往郁南西埇，找上级党组织领导汇报情况和听取新的指示。李钊春和李辉南等人于第二天中午来到郁南的闸板塘，被敌人发现了腰间的短枪，李钊春不幸被捕，几天后被国民党反动派押回罗定县城杀害，牺牲时年仅21岁。李辉南、李灿英逃脱，幸免于难。

19日拂晓，农军在杨永绍的率领下，转移到了云致。到达云致后，农军已不足300人。当日中午，就在张日熙的屋门口挂起了罗定县苏维埃人民政府的牌子。

牌子挂出后，大大地鼓舞了农军和农会群众的革命士气，坚定了用革命武装反对反革命武装的信心。国民党反动派也被吓得胆战心惊。他们怎么也想不到，在这种残酷的环境中，农军居然敢于公开向他们叫板。国民党罗定县县长苏世杰知道农军在云致挂出罗定县苏维埃人民政府牌子后黯然慨叹，对黄裳元说："李芳春说千千万万的共产党人是杀不绝的，真是千真万确啊！"不久，苏世杰便借去省城汇报之名一去不返了。

看此形势，省守备军韩汉英部军心涣散，罗定反动民团有一半人离开了队伍。不离开的，都害怕同共产党打仗，恨不得马上调防。因为他们大多数是农民，都不愿意与农民兄弟互相残杀。

四、遭韩汉英追杀，农军被迫撤离

农军挂牌消息一传出，反动头子韩汉英恼羞成怒。1927年8月19日下午，韩汉英便立即率领省守备军及部分反动民团向云致猛扑过来，妄图砸碎苏维埃人民政府的牌子和消灭农军。敌军一到云致，就开枪打死了一名蒸酒师傅。农军在杨永绍的指挥下，把守在云致圩的两个炮楼上，英勇沉着迎击追扑过来的敌人。杨永绍把机枪架在树上，居高临下向冲上来的敌人扫射，在炮楼的机枪手李挺新和其他农军的密切配合下，给来犯之敌猛烈痛击，战斗十分激烈。经过七天七夜的连续战斗，农军的炮楼依然屹立不倒。在激战中农军击退守备军的多次进攻，打死打伤多名守备军，击毙了一名机枪手。在最后一天的激战中，敌军死伤惨重，战斗暂缓下来。杨永绍在激战中也不幸被守备军击伤了左腿。后因敌众我寡，粮尽弹绝，农军才决定向古榄、新榕方向转移撤退。

8月28日晚上，农军在漆黑的夜幕掩护下，先由战士霍雄初摸黑干掉云致河路口的守备军哨兵，扫清去路障碍，然后悄悄地突破守备军的封锁，往古榄、新榕方向迅速转移。负伤的杨永绍在保卫员王平的保护下，由农民军战士陆伟庭兄弟用担架抬着随农军一道转移。

农军转移到新榕的第二天，韩汉英部的大队人马又迅速追杀过来，一路上大喊"消灭犁头军，活捉杨永绍！"农军为了保存实力，不予理睬，避其锋芒，在新榕、磨石迳与古榄之间，与敌军周旋了四五个昼夜。

到了9月初，农军在古榄一带的深山密林中与守备军周旋，守备军摸不清农军的去向，便在古榄一带抢劫民财，宰猪杀牛大吃大喝。农军得知后，即乘木船沿罗镜河闯过泷喉马垱急流而下，终于摆脱了守备军的追击，到达了泗盘的涩塘村隐蔽休整。

此时，农军队伍只剩90多人。杨永绍在三荫村由住户冬仔用生草药给予治疗，取出弹头，继续疗伤。

农军在泗盘涩塘村休整才两天，韩汉英部再度前来追杀"围剿"。农军火速派人前往信宜、新兴请求当地农军支援。信宜农军当即指派苏广、苏华率领队伍昼夜驰援。来到罗平后，试图把韩汉英部围住以解罗定农军之危，但遭到在罗平的守备军的阻击而进不了涩塘。信宜农军又试诱敌转移也未能成功，故未能解罗定农军之危。这时，罗定农军在泗盘涩塘又与守备军继续激战，农军机枪手李挺新不幸中弹牺牲，谭如照立即接过李挺新的机枪，继续向守备军扫射，但终因敌我火力太悬殊，而未能冲破包围。

9月9日凌晨4时左右，农军抓住月落天黑时机，飞快行动，突出重围，迅速往信宜方向撤退。这时，农军只剩下三四十人。

此后，农军在张大伟、欧学南、谭如照、岑冠亚等人的率领下到达云良、罗磨、竹汶后，决定化整为零，各自隐蔽，等待时机。

杨永绍在保卫员王平、陆伟庭、唐沃等人护送下，前往广西望路（间）村隐蔽养伤。10月间，杨永绍伤愈后，在一位姓余的农民带领下，同王平一道潜回郁南西埇寻找三罗党组织，在到达大湾东水口村时被敌人发现逮捕杀害，光荣牺牲，年仅25岁。保卫员王平逃脱后返回云浮。李灿英、李雨亭等人潜往香港。1928年4月，李雨亭从九龙码头乘船到达澳门码头时，被国民党特务逮捕押回广州杀害。

第二次横岗暴动虽然失败了，但是意义重大。它具有承前启后推动土地革命向前发展的积极作用，也证明只要有中国共产党的领导，革命的火焰是永远扑不灭的，共产党人为了革命事业和人民大众的翻身解放，必定会前仆后继，抛头颅，洒热血，勇敢地站在革命斗争的前列，进行不屈不挠、艰苦卓绝的斗争，将革命进行到底，夺取革命的最后胜利。

第二次横岗暴动失败了，其主要原因：一是领导暴动的核心力量比较单薄；二是暴动队伍不够强大，素质较低，包括政治素质和军事素质；三是武器装备落后；四是对反动势力估计不足；等等。

罗定暴动

一、中共中央和广东省委对暴动的指示

1927年11月9—10日，中共中央举行临时政治局扩大会议，提出了通过暴动推翻反动政权，建立苏维埃政府，没收一切地主土地，组织工农革命军，建立农村革命根据地等决议。11月17日，粤桂军阀战争爆发。中共广东省委根据中央的指示和粤桂军阀混战的形势，做出了将各地零碎的暴动汇合成为全省暴动的部署。要求东江的海陆丰暴动向惠州方向发展；琼崖暴动与高雷联合向江门发展；西江各属沿西江向三水发展，各方的共同目标为广州，并乘广州市内兵力空虚之机策动广州暴动。同日，中共中央常委会召开会议，通过了《广东工作计划决议案》，要求广东省委利用国民党粤桂新军阀李济深、张发奎为了争夺广东地盘而即将爆发战争之机，号召全省工农群众在城乡暴动，鼓动士兵哗变，并迅速使这些暴动汇合成总暴动，以夺取全省政权。12月11日凌晨，张太雷、叶挺等人发动了震惊世界的广州起义。广州起义虽然失败，但它对广东以后的暴动起到了示范和推动的作用。

在西江地区，中共广东省委根据西江特委书记黄学增的报告和建议，重新审查后指定了西江8个县的县委负责人，并指示西江特委，在整顿发展党组织的同时，积极酝酿本地区的暴动。

同时，也要求罗定"极力发展党的组织，扩大党的宣传，吸收工农分子入党，使广大群众拥护共产党的政策、主张。进行土地革命，没收地主的一切，以后的暴动准备和在乡村中扰乱，农民应作为主要力量"。

二、中共罗定县委员会的成立

罗定经历过两次横岗暴动失败和国民党反动派对参加暴动的骨干、群众进行镇压、清洗后，群众革命热情比较低。1927年12月，中共广东省委派唐公强、李友芳、唐木等回罗定开展党的组织建设、土地斗争和武装暴动等工作。

12月间，唐公强、李友芳、唐木等人回到罗定后，鉴于罗定"八一八"第二次横岗暴动失败后，白色恐怖十分严重的情况，决定进驻原三罗党组织驻地的郁南县西埇张礼洽家开展工作。郁南西埇与罗定隔河毗邻，距罗定县城不足10千米，且有大革命的社会基础和有比较隐蔽的地理环境。唐公强、李友芳、唐木都是罗定人，情况比较熟悉，民情比较融洽，故相对易于深入乡村发动群众。他们三人是在第一次国内革命战争中成长起来的优秀共产党员，又是参加过广州工人运动和广州起义的骨干，对开展罗定的各项工作十分有利。为慎重起见，唐公强化名程功，李友芳化名卢火，张礼洽化名公冶。

他们化装深入到以四区、五区为中心的各地农村了解情况，觉得经过两次横岗暴动失败而遭反动派的残酷镇压摧残后，罗定仍处在白色恐怖之中，要在近期内重新发动一次农民暴动，要做大量艰苦细致的工作。但他们意识到，受省委的重托，实现省委造成西江红色割据局面的部署，意义非常重大，也是共产党员伟大、神圣的职责和光荣的任务。

12月底，广东省委又将罗定大革命时期学生运动的骨干、参加广州起义后在香港隐藏的陈泗英派回罗定开展工作。当时她带着省委给罗定的指示信及一批港币回到罗定，同唐公强等取得联系后，一起参与罗定的暴动组织工作。根据党组织的安排，陈泗英就读罗定省立八中，在罗定县城开展工作。在陈泗英就读八中及开展工作期间，得到了八中校长、五四运动积极宣传推介马克思列宁主义的左派分子、《泷江学报》主编黄裳元的支持。

唐公强等人经过一段时间的秘密活动，在恢复发展党员的工作中，做出了很好的成绩，到1928年1月，全县党员已有45名。1928年1月8日，罗定党组织在西埇举行党团员大会，到会人数33人。会上，包括陈泗英、陈琼英在内的一批共青团员成为正式中共党员。会议选举产生了第一个中共罗定县委员会，书记唐木，常委唐木、唐公强、林河，委员还有张礼洽、王振强、王耀、谭海深、陈蟠龙等共7人。县委驻地设在郁南西埇张礼洽家。会议还初步研究确定了以四区和五区为中心的暴动计划和发展党员，恢复农会等工作。在此前后，在外地隐蔽的农运骨干谭奇泉、李仁夫、张岳、王英等一批人也回到了罗定，准备参加罗定暴动。

1928年2月5—6日，中共罗定县委召开第一次会议，研究党组织建设、部署暴动的准备工作和恢复农会及农军等问题。会议决定，在党组织方面，第四区成立小区委，第五、第六区成立党支部，第一区成立党小组，郁南第一区成立小区委，郁南第十区划为特别区。在武装暴动方面，将罗定划分为几个中心区：一区以罗定县城为中心，二区以罗平竹围为中心，四区以横岗、泗纶为中心，五区以素龙为中心开展工作。在农运方面，进行恢复农会和农军工作。中共罗定县委去函省委，报告了工作进程和有关情况。2月18日，中共罗定县委又向省委写了《罗定县委第一次第一月之报告》，详细报告了恢复组织情况，分析了当前敌我双方的力量，并报告了暴动的计划安排等。2月底，根据省委关于加强工人领导的指示，改组了中共罗定县委员会，唐木为书记，唐公强、李友芳、张礼洽、谭海深、陈蟠龙、王耀（王文生）、王振强等人为委员。同时，撤销了带枪逃跑的县委原常委林河的职务并开除党籍，开除了与林河一道带枪逃跑的严洪（窑工，参加过广州起义）的党籍，清除了党内的不纯分子，净化了组织和队伍。此后，罗定的各级党组织得到了恢复、健全和发展。

三、制定《罗定暴动工作大纲》

1928年1月1—5日，中共广东省委在香港召开了全体委员会议，会议通过了《目前党的任务及工作方针（决议案）》等，确定党在目前的主要任务就是"从乡村到城市，从局部割据直到夺取全省政权"。主要策略就是"要极力发展各地农民暴动，在东江、西江、北江、南路造成一县至数县的割据局面，形成包围广州的形势"。为实现这一战略目标，广东省委在提出具体措施中明确指出："西江地区，分别以广宁为中心，扩大到高要一带；以罗定为中心，扩大到郁南、封开一带；形成与北江密切联系的两个割据局面。"1月初，广东省委还做出了对各级党组织进行整顿、改组，加强组织建设的决定，派出得力干部到各地健全充实特（市）委一级的领导，并先后成立了潮汕、西江上游等几个特委。同时，任命谭冬青为西江暴动指挥员，黄学增为西江特委书记。2月初，省委在《西江暴动工作计划》中强调：西江暴动的发展与割据局面的开创，必先成功实现以广宁、罗定为两个暴动中心，并指示西江特委"即须马上从这两个中心发展农民暴动"。同时，中共广东省委又派巡视员卢济来西江指导工作，派周其柏到广宁、罗定、云浮等县巡视，以加强这三县的领导。

1928年2月29日，省委在给罗定县委的信中对罗定暴动计划做了初步安排之后，又于3月4日以党、团委名义致信驻广西岑溪的国民党第七军营长、中共秘密党员李滟春，指示他联系国民党驻广西岑溪第七军的叶友芳营一起参加罗定暴动，暴动后即改编为工农革命军第五师第十三团，由李滟春任团长（李滟春是罗定横岗六迪村人，叶友芳也是罗定人），并指派赖金章为党代表。赖金章，1920年在罗定中学读书，后到广州国民大学就读，毕业后在广州参加革命活动，1923年加入中国共产党，广州起义失败后，曾任西江上游特委委员，在罗定、封开等地领导农民运动工作。省委在给罗定县委的一系列指示中指出，广东的政治形势非常严峻，反动统治者对农民暴动非常恐慌，在西江必须创造一个新的局面。现在东、北江斗争激烈，军阀内部冲突，广西又将发生战事的形势下，军阀已无很大力量坐镇西江，暴动将容易发动。罗定和广宁都可以成为西江的海陆丰，造成西江割据。罗定的农民经过许多斗争的磨炼，在现在反动统治薄弱的时候，可以有个大的暴动。第一，罗定农民经过长期的斗争，有一定的斗争经验，有利于发动农民起来暴动夺取政权；第二，经过两次横岗暴动以后，农民的痛苦较前更加深重，在客观上有暴动的要求；第三，罗定的工作已有相当的基础；第四，罗定已有相当的武装力量；第五，桂系军阀内部的对抗和对付东、北江各县的农民运动，无力顾及西南；同时，驻西江南岸的力量又比较薄弱。罗定暴动是有可能成功和发展的。省委对罗定暴动的要求是：坚持以农民为主；坚持从斗争到暴动的发展过程，反对军事投机的机会主义；暴动采取游击的方法，游击战争开始，群众热烈地起来，就是个总的暴动；暴动的根据地以四区和五区为中心，各区同时响应，造成农村包围县城的局面，最后夺取县城；暴动一起来就要立即组织苏维埃政府，不必等县城攻下。

　　为了实现开创西江上游武装暴动和西江割据的局面，中共广东省委于1928年3月4日制定了《罗定暴动工作大纲和军队工作计划》（简称《罗定暴动工作大纲》）。"罗定暴动工作大纲"共分为暴动的准备工作、怎样发动暴动、对商人的政策、镇压反革命派等四大部分。"军队工作计划"分为关于宣传、党组织建设、军事训练、军官、暴动及暴动后对军队注意的问题等六个方面。主要内容为：（一）马上成立西江上游特委，以黄钊、赖金章、王欢、唐公强及农民代表三人组成，以黄钊为书记，领导和指挥罗定、郁南、封开、云浮、德庆等西江上游各县的暴动。（二）加紧土地革命和苏维埃政权的宣传，秘密恢复农会和组织赤卫队。秘密组织工会开展城市的工人运动。加紧士兵运动工作，用农会的名义散发告士兵书。（三）发动暴动应以四区和五区为中心，四区、五区起来后各区马上响应。（四）暴动起来后马上召集工农兵代表会议成立苏维埃政府，接收旧政权。宣布缴收一切土地归农民并宣布分配土地原则。由苏维埃政府宣布一切契约（田契、借约等）作废。（五）马上集中一切农民武装枪械组成工农革命军，并扩大和发展赤卫队组织。（六）四区暴动后即开到县城宣布李滟春、李友芳两营军队参加起义，并马上改称为工农革命军。（七）镇压反革命派。反革命分子及民众所痛恶的地主豪绅须尽量杀戮，地主堡垒及坚固的房屋可尽数拆毁焚烧，肃清反革命之侦探与搜索队，尽量捕杀反革命。

此后《罗定暴动工作大纲》转入实施阶段。

四、中共西江上游特委对罗定暴动的指导

1928年3月初，中共西江上游特委成立以后，省委在制定的《罗定暴动工作大纲》中强调，西江上游特委对西江上游几个县的暴动，特别是对罗定这个暴动中心，要担当起领导和指导的责任。随后，西江上游特委书记黄钊率领有关人员直奔罗定，加紧开展各方面的工作。

3月中旬前，中共西江上游特委在郁南西埇中共罗定县委机关内召开了第一次全委扩大会议。会议由黄钊亲自主持。参加会议的有赖金章、王欢等特委委员和罗定县委全体委员。农运骨干谭奇泉、李仁夫等也参加了会议。会上，黄钊分析了全省即将暴动的大好形势，按照《罗定暴动工作大纲》的内容和要求，对行动计划做了具体的部署。会议就关于暴动的准备工作和怎样发动暴动这两个问题进行重点讨论。会议最终按照省委的指示对罗定暴动工作进行了具体的安排。其主要内容为：

在组织工作方面，迅速派干部到各区，并以四区、五区为中心，加强各区党组织的领导及建设工作，重点是发展新党员、成立新农会、组织农民赤卫军。同时进一步健全组织制度。规定每月县委常委、执委至少开会三次，逢农历初八、十八、二十八日开党委会，初九、十九、二十九日开执委会。下面各区党组织照章执行，并提前一天开会，以便县委听取汇报指导工作。同时，各区在暴动前发展10名新党员，实现全县党员至少要超过100人的目标。但到暴动前全县实际发展新党员才10人，全县党员总数只有五六十人。各区的农会和赤卫队则成立起来了，两县六个区的赤卫队员达到1000多人。

在宣传发动群众方面，决定以四区的横岗、泗纶，五区的素龙，一区的罗城，二区的竹围乡为中心，进行土地革命和苏维埃政权的宣传活动。根据省委的指示，抓紧春耕的时机，针对农民群众的迫切要求，如购买种子的困难，地主的"加租""吊田"等问题，引导群众起来从小斗争发展到大暴动。在暴动之前，召开群众大会进行公开的发动，并印发简单的传单和标语口号以广泛宣传。同时，以农会名义召集各区乡代表大会成立苏维埃政权。在罗城要开展组织工会的宣传活动，充分发挥工人的革命积极性。

在武装组织准备方面，根据省委指示，对群众武装加强训练，凡有枪的编成工农革命军罗定独立团，团下分营、连、排；以乡为单位，凡有刀矛的组成赤卫队。在此基础上进行政治和军事训练，并参加到实际作战中去保护群众，捉拿反动派走狗，以增强群众的斗争勇气。独立团在暴动后才正式宣布成立。

在暴动的策略方针方面，按照省委关于在西江造成广宁、罗定两个割据局面的部署，罗定方面必须以农民为主力，坚持四区和五区为中心，坚持从斗争到暴动的发展过程，激发群众斗争的热潮，这种热潮达到高涨的时候开始举行暴动；暴动采取游击的方法，游击战争开始，群众自觉行动起来，就是个总的暴动；从四区、五区开始，各区同时响应，造成农村包围县城的局面，最后夺取县城。但因为各区群众斗争的高潮未能形成，农村包围县城的局面未能实现。后经西江上游特委研究，暴动策略从农村的群众斗争形成高潮而成为总暴动调整为以四区、五区为中心，各区同时暴动以夺取县城的总方针。

在暴动日期上有过四次变动，最初想借省守备军严博球部于2月搜捕一区生江乌石村农会骨干，发展到向四区搜捕而引起群众斗争之机开始暴动；《罗定暴动工作大纲》下达以后，定为3月22日（即春分第二天）；由于暴动的准备工作太紧迫又改为4月4日；后又因郁南十一区的民众发动不起来再改为4月14日。

在策反工作方面，省委派赖金章为党代表前往广西岑溪发动国民党第七军的李滟春和叶友芳各所辖的一个营起义回罗定参加暴动，后因李、叶军队的失败，没能达到目的；另外，县委又派员到驻罗定省守备军严博球部开展瓦解工作，但也没有成效。

五、罗定暴动的经过

罗定暴动的日期确定为1928年4月14日之后，县委研究做出了暴动的具体行动安排。决定在13日晚上，由李友芳率领林向葵等7名爆破队、剑仔队、手枪队队员潜进城内，同在城里的陈泗英、唐醒民（即唐玉荃）等人取得联系，埋伏在剐狗巷（今逢源路）、校场顶一带，准备在赤卫队和起义军攻城时里应外合，并引领起义军攻占制高点和总商会会址，以总商会作为罗定县苏维埃人民政府的暂时驻地。城内各宣传队连夜散发传单和标语口号。14日早上，赤卫队小部分人分散以挑草等伪装方式先把部分武器偷运进城。各路起义武装定于是日正午12时以东门岗鸣炮为号，分三路进攻县城，陈蟠龙带领第四区200多名赤卫队员由横岗奔赴九条龙，攻打南门头的国民党保安队；唐公强带领第五区300多名赤卫队员从右侧翼攻打罗定县署；王振强、王耀带领郁南县康任、大冺两地200多名赤卫队员从左翼攻打罗定县署；其余300多名赤卫队员编归预备队。三路武装联合攻打县署，同时占据警察局、总商会等重要据点，迫使李家祠等城内小股驻军约200人缴械投降。假如敌军顽强抵抗，则与之激战直到把敌军全部消灭。暴动胜利后，立即召开工农兵代表大会成立罗定县苏维埃人民政府，并立即以苏维埃政府名义将全县土地收归农会所有，同时制订出土地分配原则，并立即着手肃清反革命，实行工农革命专政以巩固苏维埃政权。起义赤卫队立即改编为工农革命军罗定独立团。暴动总指挥部设在郁南县西埇县委机关内，下设鼓动委员，分头指挥各路起义军。起义军的联络点设在东门岗。

14日拂晓，罗定第五区（素龙）、第四区（横岗、泗纶）和郁南县第十一区（大湾、塔脚）、第八区（连滩）的农民赤卫队1000多人分三路靠近城外待命，准备听令攻城。不料郁南十一区混进了敌人的奸细凌树荣，他于拂晓前逃脱并将暴动计划全盘密告于罗定县国民党当局。敌方得知情报后，早上8时左右封锁县城各处通道要点，实行全城戒严，敌军严博球部1000人火速集中回到城内,各处路口都派了军队把守,对进城百姓严加搜查,已偷运进城的武器大部分落入敌手。埋伏城内的林向葵等7名爆破手在拂晓前全部被捕。西埇县委机关一早已被敌人包围抄查,正在集中开会部署攻城计划的县委主要领导唐公强、唐木等被迫迅速分散撤退。东门岗联系点(即指挥部接头处)也被敌人放哨监视,致使正午无法鸣炮施令,各路武装也无法取得联系。通往郁南塔脚、北角的横水渡均被敌人切断,致使郁南十一区的赤卫队开赴东门后却无法渡河攻城。四区、五区、六区和郁南连滩的武装队伍来到集中点后,通讯员报知暴动计划已被泄露给敌人,总指挥部已无法指挥攻城,于是又不敢贸然行动。此时,各区的指挥者意见又不统一,多数人主张强攻,但又怕寡不敌众,最后决定分散撤退。原计划参加暴动的广西岑溪的李潋春、叶友芳两部也因故未能回罗定参加暴动。

14日中午撤退后,县委又布置郁南十一区的赤卫队晚上开赴东门岗用大伐枪(火药枪)隔河扫射敌县署,准备15日组织四区、五区武装再次暴动,但因集合起来的赤卫队员太少而作罢。此时,县委发觉敌军被暴动武装的阵势吓得龟缩城内不敢蠢动,又决定各路武装开赴四区暴动,但四区群众因经过1927年的两次暴动失败的摧残未能发动起来,因而四区的暴动也未能举行。接着,郁南九区(罗定县县长沈光周的老巢)反动民团开始向十一区武装"扫荡"。县委认为,暴动如果就此结束,反动派对暴动区摧残将不堪设想,于是研究决定发动郁南九区的暴动。开始决定暴动日期为4月22日,因郁南十一区的武装未能集中起来,便改为4月25日,但4月25日五区和郁南十一区的武装也未能集中,故郁南九区的暴动也未能进行。至此,4月14日罗定暴动遂告失败。

"四一四"罗定暴动失败后,县委机关被迫迁往四区松木大樟根村县委委员谭海深家里。此时,县委书记唐木和委员李友芳已撤离罗定，县委委员王耀、王振强、陈蟠龙等先后被捕牺牲。县委机关只剩下唐公强、张礼洽、谭海深和一名四区赤卫队的指挥。县委4月15日和29日两次给省委去信报告暴动失败和县委机关迁址的情况。但在"四一四"暴动的前一天，广东省委举行了第一次扩大会议，部署各地的再次暴动。故5月9日和6月1日，省委先后两次来信依然布置罗定举行第二次暴动。但由于形势的急剧恶化，罗定已不可能举行第二次暴动。11月，省委召开第二次扩大会议，通过了《关于目前政治任务与工作方针的决议案》，选举黄钊为书记，批评了"左"的错误，指出广东形势和全国一样，是处在两个革命高潮之间，"党目前的任务是争取广大的群众，积聚革命的力量，以准备在新的革命高潮到来时武装暴动的胜利"。从这时候开始，对罗定和各地暴动的部署才正式停止下来。

5月底，唐木在广州被捕遭杀害后，7月间由张礼洽任中共罗定县委书记。在险恶的环境下，罗定已不能立足，张礼洽按省委指示，带领其他县委成员，从黎少转至云浮县境内，在腰古城头村隐蔽。8月29日晚，国民党反动派出动了大批军警包围了中共云浮县委机关驻地腰古城头村，云浮县委书记陈剑夫和云浮、罗定两县县委成员共10多人不幸被捕。陈剑夫被敌人杀害。其他县委成员和党员大多数在反动派的追捕下离开西江，转移到海外或边远地方躲藏。张礼洽事后躲避到台山，以教师职业暂时隐蔽下来，一年后又被台山国民党当局逮捕，关在台山县政府的临时监狱，后由在台山县政府工作的一位同学保释。不久便去了香港定居，1947年返乡病故，终年44岁。

罗定暴动失败后，国民党反动派对暴动各区的群众实行疯狂的镇压与清洗。严博球的省守备军联合县里的治安军和反动民团，对暴区实行了大规模的"清党""清乡"。陈济棠派"剿匪"得力的第十一师三十三团叶肇（新兴人）部来罗定"驻剿"，严密保甲组织，五户联保，乡乡设防、村村监视，烧、杀、抢比以前更为惨烈，并下令各区限期交出"农头"（即暴动骨干）。赤岭村暴动骨干赖金清在庙背顶被捕，在寨坪村被活活剖杀了。反动派的残忍手段令人发指。"四一四"暴动第二天，反动武装已洗劫了郁南十一区的西埇、康任蕨菜等乡村，接着又洗劫了罗定五区、一区、四区。在西埇，敌人洗劫了罗定县委机关，一本党员名册（内有20多名党员名单）落入敌手。敌人还搜走了临时苏维埃政府报告纲领、劳动保护法宣传册和红带标语等。在五区凤塘六胜村，县委书记唐木的家被洗劫一空。大批党员干部及农会骨干先后被捕（其中罗城工人20多人）。被杀害的革命人士，包括县委委员王耀、陈蟠龙、王振强和暴动骨干孙伯强、唐琼环，还有爆破队林向葵以及原女小的两位学生运动骨干陈泗英、陈琼英共30多人。陈泗英和陈琼英被关押期间，县中许多名流都出面相救。尤其省立八中校长黄裳元曾多次与县方交涉要求放人，甚至在国民党当局的县委黎庶望和县"清乡"委员辛星桥设局的宴席上拂袖而退。本来已争得获准将两人上解肇庆法庭便可释放回校，但反动派却在上解前一天抢先下手杀害了她们。

六、暴动失败与教训

1928年4月14日罗定暴动，在中共罗定县委的领导下，按照中共广东省委的部署和中共西江上游特委的指导，从筹备到发动，前后经历了大半年。暴动失败了，这不仅失去了党的一个县级组织，而且失去了一次推动武装割据的机会，同时还牺牲了一大批党的优秀干部和革命觉悟很高的工农群众，教训是非常深刻的。

罗定暴动，震动了整个西江。暴动虽然失败了，也付出了沉重的代价，但它的影响比以往任何一次暴动都更为重大，意义都更为深远。它教育了群众，锻炼了党，为今后罗定革命提供了宝贵的历史经验。

罗定暴动失败的主要原因，首先是"左"的错误思想指导。在革命低潮时期，党的力量太薄弱，干群被摧残太大，不易得到恢复和发展，这种情况下自然就很难真正把群众发动起来。其次是从斗争到暴动，没有认真坚持和执行由农村的暴动包围县城的总策略，相反却在群众没有充分发动起来的情况下急于进攻县城。再次是暴动的具体工作上也有失误，如准备工作做得不够，日期多次更改、推迟，暴动领导干部军事素质不高，工作分配失当，军事计划过于公开，以及城镇工运工作不够，瓦解敌军工作做得太少等等。这些都是直接导致暴动失败的原因。此外，驻广西的李濯春部队未能按计划回罗定参加暴动也是暴动未能取得成功的另一个原因。倘若暴动真正处在革命的高潮阶段，以上各方面的问题又得到充分的解决，群众真正发动起来，加上领导正确、指挥得力，那么，即使临期奸细告密，暴动也会取得胜利的。

罗定暴动的失败，使中共罗定党组织遭到严重的破坏。党组织领导人及农运骨干，在国民党反动派的残酷镇压下，有的被杀害，有的被逮捕，其余的在白色恐怖的环境下，被迫逃往外地隐蔽。1928年11月，新的中共西江特委成立后，再次组成新的罗定县委，但无法开展活动。1929年1月，中共罗定党组织由中共广东省委直接管辖，由于罗定党组织连续遭到国民党反动派的破坏及镇压，共产党员依然无法立足，被迫离开罗定。5月后，中共罗定党组织的活动便完全停止下来，时间长达10年之久。

罗定人民在大革命斗争和土地革命战争中经受了火与血的生死考验，从而为夺取伟大的抗日战争和解放战争胜利打下了坚实的基础。

第三章
全面抗日战争时期

第一节 抗日救亡运动的兴起和中共罗定党组织的重建

1931年9月18日，日本帝国主义在沈阳制造了九一八事变，侵占了中国东北三省。面对民族危难，中共中央号召全党发动群众，驱逐日本帝国主义。而国民党统治集团却坚持"剿共"，对日屈辱退让，采取不抵抗政策，激起全国人民的抗日怒潮。广东各地组织抗日游行、集会，发表通电，建立抗日团体，要求国民党当局停止内战，一致对外。爱国抗日救亡运动波及罗定城乡，大大激发了罗定人民的爱国热忱。

正当民族危机日益加深之时，1935年8月1日，中共驻共产国际代表团草拟了《中国苏维埃政府、中国共产党中央为抗日救国告全体同胞书》（即"八一宣言"）。10月1日，宣言在法国巴黎出版的《救国报》上正式发表。宣言号召全国人民团结起来抗日救国，得到全国人民的拥护。12月9日，北平（今北京）学生在中国共产党领导下，爆发了大规模的爱国抗日运动，并迅速扩大到全国。杭州、广州、南京、天津、上海、武汉、长沙等地学生相继举行示威游行，掀起全国人民爱国运动新高潮。在广州学生的带动下，广东全省抗日救亡运动蓬勃发展。"一二·九"爱国运动的消息传到罗定，广大民众对日本侵华行径和国民党的妥协退让政策极度愤慨，纷纷行动起来，回应中国共产党的抗日主张。

1937年7月7日，日本侵略军以军事演习为名，向北平郊区卢沟桥发动进攻，遭到中国守备军队奋起抵抗。卢沟桥事变，标志着抗日战争全面爆发。7月8日，中共中央发表《中国共产党为日军进攻卢沟桥通电》，号召全中国同胞和军队团结起来，筑成民族统一战线的坚固长城，抵抗日本的侵略。广东不少大中学校师生即发通电，声援抗日将士，并于7月17日举行广东各界民众御侮救亡大会，通电表示"百粤民众，誓以热血同赴艰危"，誓为前方将士后盾，成立"广东民众御侮救亡会"。七七事变的消息传到罗定，广大民众群情激愤，积极投身抗日救亡运动。罗定中学（省立八中）、郁南二中（设于罗定县城）青年学生及教职员工举行反日示威游行，声讨日寇侵华暴行。随后，进步青年师生及大批民众自发聚集城内中山纪念亭，举行反日示威大会，同时向县政府请愿，提出"反日救国无罪""抗日将士自由"等要求。罗定各界于8月25日举行抗敌救亡大会，并成立罗定民众御侮救亡分会，成为广东省民众御侮救亡会会员，仿效省会开展抗日救亡运动。

为了配合抗日救亡运动的深入开展，罗定中学的吕雄才、郁南二中的焦寿卿等青年教师，除编印不定期刊物《扫敌报》外，还组织一支有20人为骨干的抗日宣传队，分别上街入巷下乡村，派发宣传资料，献演文艺节目，广泛开展抗日宣传活动。随着抗日救亡运动的兴起，"罗定县民众抗敌后援会"等抗日团体相继成立，城乡民众纷纷投身救亡运动，形成汹涌澎湃的反日爱国浪潮。抗日救亡运动的迅速发展，为促进罗定党组织的重建和推动抗日武装斗争的开展奠定了良好基础。

自中共罗定县委于1928年9月被破坏后，党组织在罗定停止活动达10年之久。但在各地坚持斗争的少数中共党员以及在抗日救亡运动中涌现出来的先进分子，仍是重建罗定党组织的革命种子。1937年冬，原籍广东文昌的中共党员张一鸣从广州来到罗定,为宣传中共抗日主张,与郁南大埔的陈公朗商议开办书店宣传抗日事宜,于1938年夏在罗定县城南门处挂牌开张"汇合书画印务店",为民众提供毛泽东著作及有关抗战的进步书刊,以引导广大民众参与抗战活动。1938年9月,刚毕业于中山大学的中共党员谭朗昭到罗定中学任教,开始以教学做掩护,宣传共产党的抗日主张,向青年学生灌输爱国思想,组织抗日救亡活动。其他未找到组织的共产党员也在不同岗位上以不同形式自觉参与抗日救亡运动。

1938年10月18日,中共广东省委召开紧急会议,决定将省委机关迁往粤北,并先后成立中共西南、东江和东南特委。10月21日,广州沦陷,部分抗日团体、大中学校也西撤罗定城乡,金陵中学、国光中学、仲恺农校、民国大学、广州大学、澳门雨芬中学等校均陆续迁址罗定县城,华侨中学、长城中学选址太平垌口与罗镜葆诚堂。省委青年委员会派驻罗定的南海大沥农村社会教育实验区一四七战时工作队和花县农村社会教育实验区一六五战时工作队,于10月下旬依期到达。两队有30名战时工作队员,其中有10多名中共党员,分别布点在县内城乡开展抗日救亡运动,为罗定党组织的迅速重建做出了不懈的努力。

1938年11月,中共西南特委书记罗范群赴罗定部署重建党组织工作。月内,中共罗定县中心支部于县城附近谭屋岗成立,李志坚任书记,杨昌龄任组织委员,黄焕秋任宣传委员,俞福亲任青妇委员,刘秉楷任武装委员。罗定县中心支部隶属中共西南特委领导,下辖驻罗定的两个战时工作队党支部:南海大沥一四七战时工作队党支部,支部书记刘秉楷,组织委员黎曼欢,宣传委员唐汝桥;花县一六五战时工作队党支部,李志坚(李光)兼任支部书记,杨昌龄兼任组织委员,何菲任宣传委员。在中共西南特委领导下,新建立的中共罗定县中心支部以抗日救亡和党的建设为工作重点，以县城、泗纶、罗镜为活动区域，宣传发动群众，将各阶层的抗日救亡运动与扩大党组织活动引向深入。在此期间，罗定县中心支部为失去组织联系的谭朗昭、张一鸣恢复了中共党员组织关系，吸收了陈汉源（罗定中学）、何小静（战时工作队）、陈公朗（汇合书画印务店）等多名先进分子为中共党员，发展壮大了党组织。此外，县中心支部以办抗日快报、开阅览室、举行抗日时事报告会、演唱抗日救亡歌曲、演练抗日游击战术等多种形式，逐步将抗日救亡运动推向高潮。

1939年1月，驻罗定的两个战时工作队奉命撤离往韶关，只留下杨昌龄、俞福亲、邓锦波、李悦芬等中共党员继续在罗定开展活动。此时，县中心支部已有30名中共党员。遵照西南特委指示精神，中共罗定县中心支部改称为中共罗定县特别支部，由杨昌龄任书记，俞福亲分管组织宣传工作。县特别支部建立后，即按西南特委要求，以大力发展党组织为重点，同时发动群众，组织人民抗日武装力量，建立抗日统一战线，在抗日救亡运动中夺取新的胜利。

1939年1月，根据省委的指示，正式成立中共西江临时工作委员会，由李守纯任书记。1939年3月，正式成立中共西江特委，书记王均予，组织部部长梁嘉，宣传部部长朱荣。中共罗定县特别支部在西江特委直接领导下，围绕建党中心，领导全县抗日民族统一战线工作。根据党的工作任务，县特支派出共产党员到学校去，到农村去，在学生和农民中吸收先进分子入党，建立党的组织。至1939年4月，党员发展到60多人，已建立9个党支部。1939年4月，中共西江特委指示，撤销县特支，成立中共罗定县委员会，杨昌龄任县委书记，俞福亲任宣传部部长兼负责青妇工作，谭朗昭任组织部部长。县委下辖9个党支部：罗定中学党支部，书记陈汉源；庚戌中学党支部，书记余明炎（后伍伯坚）；金陵中学党支部，书记张维静；长城中学党支部，书记李超；泷水中学党支部，书记唐汝桥；汇合书画印务店党支部，书记张一鸣；郁南大湾党支部，书记李明芬；罗镜农民党支部，书记区维熙；县城学生核心党支部，谭朗昭兼任书记。中共罗定县委成立后，为落实西江特委的指示，县委分析形势，确定工作任务，重点抓好抗日宣传工作，发动群众积极投身抗日救亡运动，组织领导学生运动，把抗日救亡运动推向高潮，并注意加强党的组织建设，开展思想教育，提高党员政治觉悟，推动罗定抗日救亡运动向前发展。

1938年12月，中共广东省委根据西江上游地区的实际情况，决定在地区一级党组织建立之前，首先成立中共罗定中心县委。当月，中共罗定中心县委正式成立，由李志坚（李光）任书记（1939年2月后由杨甫任书记），杨甫（杨昌龄）任组织部部长，黄焕秋任宣传部部长。中共罗定中心县委辖罗定、郁南、云浮三县党组织，初期隶属中共广东省委，1939年1月隶属中共西江临工委，3月隶属中共西江特委。6月，西江特委在新兴召开第一次扩大会议。罗定中心县委根据扩大会议要求，在总结罗定、郁南、云浮三县党组织发展时期的基本成绩及存在问题后，于11月撤销。11月，中共罗定县委书记杨昌龄调往西江特委工作，中共罗定县委调整了领导班子，由俞福亲任县委书记兼组织部部长，陈汉源、谭朗昭、区映寰分别任青年部部长、统战部部长和宣传部部长。

1940年2月，俞福亲和驻罗定的战时工作队奉命撤离罗定，中共罗定县委领导班子再次调整，由李守纯任县委书记，陈守序任组织部部长。7月，成立中共三罗中心县委，由唐章任书记，隶属中共西江特委，仍辖罗定、郁南、云浮三县党组织。此时，西江特委派出三罗中心县委书记唐章到罗定，传达西江特委指示，决定李守纯调离罗定，由罗明接任罗定县委书记。1942年6月，党组织实行特派员制，黄万吉任中共罗定县特派员，王顺芝、杨万文分别任组织部部长和宣传部部长。1943年初，黄万吉、王顺芝等奉命撤离罗定。1944年11月，上级党组织派黄子彬任中共罗定县特派员，至1945年4月奉命调离罗定。此后近两年，上级没派领导到罗定任职，罗定党组织活动完全停止。

第二节 《三罗日报》的创办

全面抗日战争开始后，在中共中央的大力推动下，抗日民族统一战线逐步形成。广东各级党组织坚持发动民众，全面抗战，努力贯彻党的抗日统战政策，与国民党的片面抗战路线进行斗争，并以公开合法形式组织群众抗日团体，一个以青年学生及文化界人士为中坚的抗日救亡运动高潮迅速掀起。1938年8月起，广东各地的进步文化团体、报刊、出版社、书店相继建立，《救亡日报》《新华日报》《群众》《解放》等进步报刊和马列主义书籍在省内公开发行。

抗日民族统一战线建立后，罗定的政治局面与全省各地一样，形势发生了重大变化。中共罗定党组织迅速恢复和发展，抗日救亡团体纷纷建立，抗日救亡运动正向纵深发展。广州沦陷后，一批大中学校从广州向西迁移，大批抗日积极分子和进步人士云集罗定。1938年11月，中共罗定县中心支部在西南特委领导下，以党的抗日统战策略为指导，着手进行建立抗日救亡团体工作。12月初，已于广州沦陷时到达罗定的近400名中山大学师生，集中在县城中山酒店开会，商讨成立中山大学三罗同学会事宜。中共罗定县中心支部委员黄焕秋、俞福亲出席会议，中山大学教授肖隽英、董爽秋、何思敬同时到会，罗定中学谭朗昭、陈本昌，郁南二中焦寿卿、彭亮甫，长城中学史勱济，金陵中学赖高机，泷水中学招北恩等人也应邀参加了会议。会议就组织三罗籍中大学生投身抗日救亡运动一事进行了讨论，黄焕秋、俞福亲、谭朗昭先后作了大会发言。会议根据与会者建议，决定成立中山大学三罗同学会，选举黄焕秋、俞福亲、谭朗昭、陈本昌、焦寿卿为该会负责人。

1938年12月，中共罗定县中心支部遵照西南特委关于迅速开展宣传工作的指示，决定开辟抗日宣传阵地，创办《三罗日报》作为党的机关报。是月，在中山大学三罗同学会的协助下，《三罗日报》正式出版发行。《三罗日报》以罗定中学教师谭朗昭为主编，由中共罗定县中心支部委员黄焕秋、俞福亲、杨昌龄负责审稿，大沥社会教育实验区的一位女同志和胡克劢、辛绍卿负责校对，并邀请抗日名将、十九路军军长蔡廷锴题书报头。社址设于罗定中学校内，由汇合书画印务店的张一鸣、陈公朗、吕友等人承印，陈炳欣、肖锐负责发行工作。

《三罗日报》的版面，除重要节日及纪念日为八开版外，其余均为十六开版。发行范围主要是三罗（罗定、郁南、云浮）及西江地区其他县市。日发行量1000多份。定价每份每月只收国币四角，对集体、学校订户给予半价优惠。办报经费除销售收入外，不足部分多由汇合书画印务店、抗日救亡团体及社会各界开明人士的诚意捐助补上。

《三罗日报》的办报基调是：宣传中共全面抗战路线，坚持抗战、团结、进步方针，唤起民众战胜困难，争取抗战胜利的斗志。以此广泛组稿，编辑新闻。《新华日报》《解放》等报刊的消息为其转载的主要内容。驻县城的国民党第十二集团军西江办事处电台、中山大学三罗同学会为丰富《三罗日报》内容持续发送了大量稿件。

《三罗日报》始终褒扬"坚持抗日，反对投降；坚持团结，反对分裂；坚持进步，反对倒退"的抗日活动，贬伐"溶共""防共""反共"的反动行为，得到中共西江特委的赞誉和重视，特委书记刘田夫、特委宣传部部长梁威林常对该报给予指导，并亲自为该报撰写稿件。为了鼓舞西江人民的抗日斗志，打击国民党反动派的嚣张气焰，西江特委决定于1940年初，在《三罗日报》开辟《大众》副刊，选载以抗战为主题的重要文章。后由梁威林主编，将所载文章编辑成《大众》一书出版发行。刘田夫（署名刘铁夫）撰写的《与严重的时局搏斗》首选入编。《注意投降派的卖国新妆》《全国人民要求什么宪政》《中华民国十六年四月十二日》等十多篇重要文章也辑录此书中。

《三罗日报》在揭露国民党罗定县当局欺压人民、横征暴敛、为非作歹的所作所为时，淋漓尽致地将其腐败无能暴露于报上，以此激励人民群众的抗日热情。1939年春节前后，罗定县县长曾越卸任，罗定的土豪劣绅用德义祠和菁莪书院的公款宴请曾越。针对这一事实，《三罗日报》发表《论公宴》一文，提出责问与评说：像曾越这种人，究竟有什么功劳？用一碗清水三支香给他送行就可以了，为什么还要为他设公宴？为什么有人对他如此奉承？此文一见报，立即在社会上引起很大反响。曾越对此敢怒而不敢言，忍声吞气给报社写信解释，自吹一番，正是"此地无银三百两"。《三罗日报》也不客气，将该信作为"县府来稿"刊出，弄得曾越十分狼狈。随后，《三罗日报》陆续发表了讽刺新任县长林淼曾自称为"新罗定"而作的《只见新罗仍旧乡》，为揭露国民党当局以抽壮丁为名向民众敲诈勒索罪行的《拉壮丁》《禁烟卖烟》以及杨昌龄写的《抗战到底》等文章。《三罗日报》坚定不移地站在人民的立场上，反映人民的心声，在社会上具有较大的政治影响力。国民党罗定县当局基于其政治立场，一直将《三罗日报》视为眼中钉，但又慑于有蔡廷锴将军的题词"压阵"和社会上的重大压力，故迟迟未敢对其动手。

　　《三罗日报》注重从政治、经济与国际关系等方面，分析抗战时局策略，阐述人民抗战必胜的信念，指导广大民众在错综复杂的形势下，认清国民党蒋介石集团的反共本质，坚定战胜日本侵略者的信心，声援全国人民的抗日救亡运动，成为中共在三罗地区的重要舆论阵地，对西江地区战时舆论产生了重大影响。

　　1939年下半年开始，罗定的逆流与反逆流斗争比较激烈。1940年4月25日集结了《三罗日报》副刊部分文章的《大众》一书发行，全面揭露国民党顽固派反共反人民的罪行，有力地打击了顽固派。1940年4月26日，国民党罗定县党部便用图书审查委员会的名义进行取缔，并采取强硬措施，封闭《三罗日报》和汇合书画印务店，逮捕了共产党员谭朗昭、张一鸣、陈公朗、吕友四人。至此，《三罗日报》被迫停刊。

第三节 罗定青抗会的成立

1937年7月7日，日寇向卢沟桥发动进攻，全面的侵华战争爆发，中华民族陷于生死存亡的危急关头。中国共产党号召全国军民团结起来，筑成民族统一战线的坚固长城，抵抗日本帝国主义的侵略。8月13日，日寇大举进攻上海，上海军民奋起抗战。8月22日，国民党政府接受共产党提出的团结抗日主张，同意把西北工农红军主力改编为国民革命军第八路军（简称八路军）。10月2日，国共谈判达成协议，将中南8个省13个地区的红军游击队改编为国民革命军陆军新编第四军（简称新四军）。中国共产党领导下的八路军、新四军是抗日的尖兵，是完全为人民服务的人民军队。此后，全国人民掀起抗日救亡运动高潮，各种抗日救亡团体如雨后春笋般纷纷建立起来。

"八一三"事变后，广东国民党军政当局对日军的挑衅有所抵抗，在一定程度上放开民众的抗日救亡运动。1938年1月，由中山大学抗日先锋队、中大附中青年抗日先锋队、广州市学生抗敌救亡会等8个团体联合发起组织广东青年抗日先锋队（简称"抗先队"），统一领导广东青年学生的抗日救亡运动。2月，成立了有国共两党党员参加的广东妇女抗敌同志会。五六月间，省委还决定建立青年、文化、妇女战时服务团，战时工作协会和战时工作联席会议等统一战线领导工作机关。

1938年11月，罗定党组织重建后成立的中共罗定县中心支部，在西南特委领导下，以党的抗日统战策略为指导，着手进行建立抗日救亡团体工作。12月初，中山大学三罗同学会在县城正式成立，并根据罗定县中心支部的工作部署，组织青年学生分赴泗纶、罗镜及在县城周边开展抗日救亡运动宣传工作，同时积极组稿、捐资协办《三罗日报》。1939年2月25日，日寇飞机轰炸罗定县城，激起罗定民众的义愤，县城师生和广大青年纷纷走上街头，开展抗日宣传、演讲、贴标语、呼口号及战地救护等活动，形成大规模的爱国学生救亡运动。在罗定党组织的领导下，罗定中学革命师生积极投身学生救亡运动，却遭到罗定中学校长曾了若和军事教官的阻挠，还无理开除七名学生的学籍，后经省教育厅出面调停，学生学籍才得以恢复。

就在日机轰炸罗定县城后及罗定中学学潮期间，罗定党组织为了统一领导青年抗日救亡运动，将青年进一步组织起来，把抗日救亡运动推向新的阶段，决定加紧策划筹建罗定县青年抗敌同志会（简称"青抗会"）。1939年4月初，中共罗定县特别支部（1939年1月，"中心支部"改称"特别支部"）在县城召开了有全县各机关、学校、团体、文化界等30多名代表参加的座谈会，商定成立青抗会有关事项。与会代表决定，成立青抗会筹委会，推选11名筹委会委员，分别负责起草会章、发动青年入会及办理会员登记手续等工作。

1939年4月23日，罗定县青年抗敌同志会成立大会在罗定中学礼堂举行，包括20名中共党员在内的285个会员及来自县内各机关、社团、学校的近300名代表参加了大会。大会通过了青抗会会章，选举了谭朗昭、张维静、陈汉源、黄绪援等九名干事组成青抗会第一届干事会，并由谭朗昭负责主要工作，黄绪援负责日常事务。青抗会设立中共党组，陈汉源、张维静分别任正副组长。青抗会按活动内容分设常务、总务、组织、训练、戏剧、歌咏、绘画、出版、演讲、妇女、军事研究等11个活动组，各组设干事一人，负责本组活动的组织工作，区映寰、潘焱荣、邓登鸿分任组织、宣传、总务组干事。青抗会会址先设于西华公司（泷江医院对面），后移到城内南关庙。青抗会活动经费，多为会员缴纳之会费（除固定收入者按月薪1%缴纳会费外，其余会员每月会费只交国币三分），如遇急需，则靠募捐或呈请弥补。

1939年5月30日，青抗会会章正式审定。根据会章规定，青抗会以联络县内各学校各文化团体，团结各界青年，集中力量，齐一步骤，共同致力抗敌救国工作为宗旨。青抗会设干事15人组成干事会，其中常务干事三人。干事会负责策划一切工作，对外代表青抗会。青抗会成立后，即以促进抗日民族统一战线的巩固和发展作为自己的重要任务。并向广大民众公开宣布，青抗会是联络社会团体，团结各界青年，致力抗敌救国的组织，欢迎承认会章，诚意抗日，交纳会费的各阶层人士加盟入会。

青抗会的活动内容，主要是开展戏剧、文学、图画、音乐等活动，创办流动识字班、民众夜校，组织慰劳队慰劳前方抗日将士，慰问受伤人员与出征军人家属，协助发动救护、消防、征募等工作，发展分会，办理机关团体抗敌救亡事宜，实行军事训练。青抗会的活动形式，主要有文艺演出、义卖募捐、救护慰劳、文化教育、抗日演讲等。以此活动大力宣传共产党的抗日民族统一战线主张，促进抗日救亡运动的深入发展。

青抗会的活动范围，主要在县城，其次是农村。组织会员在街上办墙报，在街头演讲，在市场搞义卖，在郊野搞军训。会员到县城附近村庄办民众夜校，教学文化，宣传抗日，到平南村及素龙、生江等圩场演出《飞将军》《凤凰城》《放下你的鞭子》《盲哑恨》等文艺节目，教唱《义勇军进行曲》《打回老家去》《到敌人后方去》《长城谣》等抗日歌曲，把广大民众团结在抗日民族统一战线的伟大旗帜之下。

1939年七八月间，青抗会组织了两次较大规模的下乡活动，派出会员到县城近郊、素龙、围底、泗纶、太平、罗镜、船步等地宣传发动，建立青抗会分会，将青抗会组织从县城发展到农村，从青年学生扩展到工农大众，会员队伍迅速扩大，会员人数由成立时的285人发展到1300多人。9月，青抗会召开第二届会员大会，选举第二届干事会。第二届干事会有干事15人，其中谭朗昭、江鑑铨、黄天骥等三人为常务干事。各青抗会分会皆设干事两人。各青抗会分会成立时，青抗会总会派人参加，以示重视，并在《三罗日报》上刊登有关消息。11月16日晚，青抗会在县城举行大型抗敌联欢会，参加联欢的师生有1000多人，体现了青抗会工作范围的扩大和步调的一致。在中共罗定县特别支部的领导和共产党员的带领下，各抗日救亡团体组成强大的队伍，活跃在县城和乡村，宣传党的抗日统战策略，团结广大人民群众，把罗定的抗日救亡运动推向了新的高潮。

1940年三四月间，逆流与反逆流斗争已达白热化程度。此时，国民党广东省党部多次下令解散青抗会。国民党罗定县党部也下令立即解散罗定青抗会，并令谭朗昭交出青抗会印章。谭朗昭坚持不解散，不交印，与当局展开辩论，在报上刊登抗日文章，散发抗日宣传资料，揭露国民党罗定当局的反共面目。1940年4月26日，国民党罗定县党部查封了《三罗日报》，以武力解散青抗会，逮捕了谭朗昭等四人，罗定县青年抗敌同志会的活动就此结束。

第四节 日寇在罗定的暴行及抗敌行动的开展

日寇占领广州后，随即又占领珠江三角洲及沿海县市，继续向广东省内广大地区发动军事进攻，杀人放火，奸淫掳掠，无恶不作，所到之处，经济凋零，民不聊生。从1938年秋开始，日军飞机轮番对西江地区各县狂轰滥炸，迫使广大民众行动起来，奋起抗敌。

1939年2月25日，日寇飞机轰炸罗定县城，城内居民无法躲避，无辜民众有的被炸弹炸死，有的被机枪扫射或被塌楼压死。是时，一户正办喜事的家人、厨师及赴宴宾客无一幸免。正值寒假后上学没几天的罗定中学初一级学生黄鉴和被炸死于公安局前面的马路中央，其身旁还有一只被炸死的大黑狗。南门头和雄镇圩尾处，死伤者甚多。一位外县籍教师被炸死于泽汇路中，多位学生在该路段被炸伤。日机此次轰炸，近百名民众丧生，受伤者有300多人，商铺、民宅被炸毁1000余间。

惨剧发生后，中共罗定县特别支部立即发动县城各中学师生及街道青年，由谭朗昭牵头组成救护队，开展救护伤员、灭火、转移物资、清理被炸场所杂物等工作，这一举动受到广大群众的赞扬。日机轰炸罗定县城时，在离罗定中学不远的县政府西侧荒地里还插有一颗未爆炸的炸弹，不将其排除则会严重威胁着师生的生命财产安全，这就引起了师生和不少社会人士的极度关注。罗定县党组织以谭朗昭、陈汉源等人为首，发动师生向校方提出迁校的合理请求。但校长曾了若态度顽固，不察实情，拒绝师生的正当请求，并错误地认为是有人指使师生有意倒他的台，谎说有人要打他，以此为借口，竟张贴出开除区映寰、潘焱荣、张纯纲、邓登鸿、谭其彤、黄建涛、叶荣珍等七人学籍的布告。曾了若这一野蛮行径，更加激起师生和社会人士的义愤。师生一面集中商讨对策，一面组织部分师生下乡和清早上街"晨呼"，表达正义，讲明真相，与社会各界人士联系，争取民众的支持。罗定党组织采取各种有效措施，支持师生的正义行动。此时，区映寰等人通过关系，找到爱国将领蔡廷锴反映这一事件，蔡廷锴听后愤怒地说："抗日不但无罪，而且有功！"并表示要写信到省教育厅诉说。在中共地方党组织、社会人士及国民党当局教育部门的支持援助下，鉴于社会舆论及上级压力，曾了若被迫收回开除学生学籍的决定，恢复了七名学生的学籍，校址亦暂时迁到了替卜。罗定中学师生取得了学潮斗争的胜利。

1939年7月29日上午9时，日寇一架运输机从越南返航广州途中，因机械故障迫降素龙水碓岗村。敌机械师三人弃机逃入凤西村境，向追赶令他们投降的村民开枪射击，村民即向敌投掷手榴弹，炸死敌机枪手一人，其余两人继续负隅顽抗，也被村民击毙。

9月20日，日军二十二师八十五联队进犯罗定，在金鸡石围前村见有村民避于石洞之内，即向洞中施放毒气，毒死村民6人。22日，日寇八十五联队侵入苹塘，部分进犯郁南连滩，余部在23日进入围底，是日上午9时，罗定县城沦于敌手。1944年9月24日下午5时有日寇飞机2架，25日上午7时及下午5时各有日寇飞机4架，先后对泗纶实施3次轰炸，共计投下炸弹17枚，泗纶中学建筑物被毁四成，校内物品损坏甚重，损失价值国币2000万元以上，民众死伤惨重，财产损失甚巨。11月4日，日寇残暴蹂躏生江人民，520多户人家财物被抢，3人被杀害，1人受重伤。

日军的野蛮侵略行为，激起罗定人民的强烈反抗。在罗定党组织的领导下，罗定人民拿起武器，抗击日寇暴行。1944年9月，在罗定抗击日寇进犯的有：在县境内驻防的国民党第三十五集团军一部、谭启秀任总指挥的三罗民众抗日指挥部3000余人、蔡廷锴指挥的十乡团队1000多人及部分民间武装队伍。9月中旬，蔡廷锴亲自鼓励各团队英勇杀敌，保卫家乡。9月22日，日寇由苹塘往围底向罗定县城推进时，谭启秀率部与敌伪1万人在围底、素龙等处激战。9月23日，罗定县城沦陷时，蔡廷锴命令各团队迅速进驻荔枝根、洞美、金山迳、渡头等地凭险扼守，准备痛击窜犯罗镜太平之敌。三罗民众武力集结队，在围底至县城一带抗击日军警戒分队，毙敌7人，俘虏1人，缴获军马、地图等一批物品。日寇慑于蔡廷锴之威名，于9月30日退出罗定，取道泗纶向广西进犯。

在此期间，罗定军民积极配合，抗击日寇行动取得了胜利，也保卫了家乡。

罗定党组织领导下的反逆流斗争

　　广州、武汉相继失守后，国民党蒋介石集团继续消极抗日，积极反共，从政治上、经济上、军事上向中共发动进攻。1939年12月至1940年3月，国民党顽固派嫡系部队向陕甘宁边区、晋西、华北地区的八路军和抗日部队大举进攻，发动了第一次反共高潮。反共逆流迅速蔓延到广东各地。广东国民党顽固派强行解散第十二集团军所属的100多个战时工作队、广东青年抗日先锋队和青年抗敌同志会，强行禁止出版宣传抗日的进步报刊，全面禁锢人民群众的思想及言论，并企图消灭中共领导下的广东抗日武装力量。在西江地区，抗日救亡运动也遭国民党顽固派的破坏。国民党广东省党部命令各县党部限制抗先活动，下令不准在罗定、德庆、肇庆成立抗先队，解散各县所有抗先组织。1940年4月26日，国民党罗定县党部强行取缔《大众》一书，查封了三罗日报社与汇合书画印务店，武力解散了青抗会，《三罗日报》被迫停刊，罗定县青年抗敌同志会不得不停止活动。

　　在国民党顽固派加紧反共活动期间，中共罗定县委联系实际，遵照中共中央提出的"坚持抗战、反对投降，坚持团结、反对分裂，坚持进步、反对倒退"的方针精神，按照西江特委的要求，继续宣传抗日，团结进步力量，揭露国民党顽固派"溶共""防共""反共"政策的反动本质，将群众工作从城镇转向农村，开展秘密活动，依靠人民群众，与反共逆流做斗争。1940

年4月21日，以书记长黄达材为首的国民党罗定县党部发出解散青抗会的命令，罗定青抗会立即召开干事会扩大会议，与会者20多人，区明志作为国民党县党部代表被邀请参加会议。会上，谭朗昭、陈汉源等共产党员先后发言，列举大量事实，阐明青抗会是积极抗日的进步团体，表明只可巩固不可解散的立场，区明志无法说出解散青抗会的半点理由，会议最终取得胜利。会后，黄达材的反共气焰更为嚣张，亲自出马找人搜物，声言若不交出印信就要抓人封屋。面对国民党顽固派的威逼，青抗会又一次召开干事会扩大会议，坚决与国民党当局进行针锋相对的斗争。此次会议除上次参会人员外，还增加了多名小学教师，国民党县党部也增派谭作镛到会。谭朗昭、陈汉源、黄绪援等多名共产党员态度鲜明，立场坚定，质问县党部"是否抗日""是否执行汪派政策""是否要做汉奸"，国民党县党部代表区明志、谭作镛理屈词穷，无言作答，悄然离场而去。会后，青抗会中的共产党员继续组织会员开展斗争，既散发传单，又在《三罗日报》上发表《为什么？》《告同胞书》等文章，抗议国民党顽固派无理解散青抗会，揭露国民党罗定县党部消极抗日、积极反共的真实面目。

《三罗日报》被查封和青抗会被武力解散后，西江特委派三罗中心县委书记唐章赴罗定指导工作。首先对被捕共产党员开展营救工作，在三罗中心县委和罗定县委的共同努力下，争取离罗在外的蔡廷锴帮助，经蔡廷锴向有关人员写信沟通，由党组织派专人与在肇庆驻防的国民党第七师管区师长王作华联系，再由王作华说服肇庆公署专员李磊夫，令国民党罗定县党部于1940年4月29日释放了被捕共产党员谭朗昭、张一鸣、陈公朗、吕友四人。其次采取一系列紧急措施，安排已暴露身份的共产党员立即转移，按西江特委指示，实行"三大转变"：一是从轰轰烈烈的、大规模的、公开的政治运动，转变到围绕抗战、围绕进步、围绕团结而开展经济与文化工作上来；二是从以青年学生为主要工作对象，转变到以农村广大人民群众为主要工作对象上来，做更广泛更扎实的工作；三是从活动以集中为主、城镇为主，转变到以广阔农村为主、分散为主，并以职业做掩护，转入隐蔽斗争。这段时间，罗定党组织坚持做好党员的思想教育工作，举办小型学习班，并在泗纶、罗镜、罗城镇等地重新建立党支部，使党组织能长期保存下来。1940年冬，罗定县委还在围底举办了一期党训班，由三罗中心县委书记唐章主持，时间10天，学员10多人。

《三罗日报》事件后，中共西江特委对罗定县委领导班子进行多次调整，并于1942年6月后由委员会制逐步改为特派员制，先后派黄万吉、黄子彬任中共罗定县特派员。1945年4月，黄子彬奉命调离罗定，此后近两年，上级没派领导到罗定任职，罗定党组织与上级失去联系，党组织的活动完全停止。此时的罗定党组织与共产党员，按照上级党组织的指示，实行"长期埋伏、积蓄力量、以待时机"的正确方针，执行"勤业、勤学、勤交友"三项任务，在艰难复杂的社会环境中，经受严峻的考验，坚持进行大量的卓有成效的工作，为打败日本侵略者，夺取抗日战争的全面胜利做出自己应有的贡献。

4

第四章
解放战争时期

罗定党组织的恢复和武装斗争的准备

一、抗战胜利后的时局

1945年8月15日，日本帝国主义宣布无条件投降。9月2日，日本政府在投降书上签字，抗日战争宣告结束。中国共产党明确提出"和平、民主、团结"的口号，决心领导全国人民为实现国家的和平、民主、独立，为建立一个新民主主义的新中国而斗争。而以蒋介石为首的国民党反动派却与美帝国主义勾结，阴谋进行反共反人民的活动，内战阴云遍布全国。10月10日，国共双方代表签署了《政府与中共代表会谈纪要》（即双十协定）。1946年1月，中共代表同国民党政府代表签订停战协定，体现了中共的诚意。但签署协定的墨迹未干，蒋介石即下令向解放区进攻，内战战火一触即发。

在全国，蒋介石为达到独吞抗战胜利果实和独裁统治的目的，向国民党军队和部下发出"各战区将士加紧作战努力，一切依照既定军事计划与命令积极推进，勿稍松懈"的命令及印发《剿匪手本》。在广东，派张发奎任华南战区受降文官、广州行营主任，罗卓英任省政府主席兼保安司令，疯狂进行"清剿"活动，并在广州召开"粤桂两省绥靖会议"，要求下属在两个月内"肃清奸匪"。12月15日，广州行营又把广东、广西划分为7个"绥靖"区，并发布第一号命令，称于1946年1月底前迅速"肃清"境内"奸匪"。在此期间，国民党在广东集结正规军8个军、17个师、地方军队50多个团兵力对全省各地解放区进行"扫荡"。在中区和西江地区，国民党就有第六十四军的第一五六、一五九两个师和保安团1万多兵力，并在各地恢复保甲制，扶植反动势力，实行烧杀抢掠，大搞白色恐怖，党组织面临严峻的考验。

为了反击国民党反动派的进攻，1945年9月16日，广东区党委遵照中共中央关于分散坚持斗争，保存干部的指示精神，做出了坚持长期斗争，保存武装力量，保存党的干部的工作部署，将全省分为11个区，并将三罗党组织划归中区建制，其中梁嘉在西江，罗范群、刘田夫在中区，进行分散军事活动，转变斗争方式，实行疏散隐蔽，开展和平民主运动，给国民党反动派发起的内战以有力的回击。1945年10月中旬，中区党委在恩平塱底召开团级以上干部和地方党组织负责人会议，原西江工委唐章参加会议，组成中区临时特委，书记罗范群，副书记刘田夫、谢创，委员谢立全、周天行、唐章，委派唐章到云浮一带负责领导在山区坚持武装斗争的部队人员及地方党组织工作，为坚决还击国民党军队的"围剿"做好准备。10月底，三罗中心县委在云浮召开会议，唐章传达塱底会议精神，决定开展建立情报站，加强统战活动，建立交通线等工作。1946年6月，大部分队伍奉命随东江纵队北撤后，中区临时特委及三罗党组织领导人撤离，留下谭丕桓负责三罗党组织工作，三罗局势处于低潮。

在此险恶的形势下，广东区党委派谢永宽任粤中区特派员，谭丕桓任三罗特派员，归粤中区领导。原罗定特派员黄子彬调走后，派来罗定接任的龙世雄还未安定下来即接通知调走了，后来上级没有派出领导到罗定任职，罗定党组织的活动和其他工作一时处于停顿状态。

1946年6月26日，蒋介石背信弃义，撕毁停战协定和政府协议，对解放区发动全面进攻，解放战争自此爆发。

二、罗定党组织的恢复

中共三罗特派员谭丕桓，广西玉林人，年轻时在广东省立勤勤大学商学院读书，1935年参加"一二·九"学生运动，1936年参加中国青年同盟，七七事变后入党，一直在西江各县工作，曾担任过西江特委秘书。1946年7月，谭丕桓任三罗特派员。他先派在郁南工作的罗定籍党员谭机佳、陈文英回罗定，审查恢复陈公朗的组织关系。陈公朗是郁南人，家住离罗定县城不远的大埇村，和罗定的关系却非常密切，在1940年《三罗日报》事件中与谭朗昭、张一鸣、吕友等人一起被国民党当局逮捕，释放后革命意志丝毫未退，反而更坚强。陈公朗乐善好施，团结群众，广交朋友，巧妙灵活地开展各种社会活动，在群众中威信较高。由于他与上中下各阶层人物都有来往，利用多种渠道获取信息，了解国民党内部情况，因此在此后党组织的工作和武装斗争中都发挥了重要作用。

1947年1月，粤中区党组织派李保纯任中共罗定县特派员。李保纯原名余鸿钧，斗门县人，1933年在私立中国新闻职校读书，1937年1月赴延安，后入陕北公学学习，同年8月在延安入党，1938年下半年派回新会江门一带活动，1945年转入粤中抗日解放军第二团工作，参加塱底战斗突围后调到云浮，部队北撤后仍留云浮带病坚持工作。李保纯到罗定后，经陈公朗介绍，李保纯、黄佩玲夫妇到罗锦小学任教，党的领导机关就设在校内，黄佩玲多负责教学工作和做好机关的掩护保护，李保纯则以教师身份做掩护，负责审查党员，了解情况，经细心审查了解后才逐个恢复党组织关系，有计划、有步骤地恢复党组织的活动。

经过近一年的努力，先后审查恢复党组织关系的党员，县城有谭朗昭、陈公朗、王肇汉、张灿钧，泗纶有谭硕儒、张志远、辛荣中。1947年下半年，粤中区党组织先后调派夏张帆（夏伟聪）、孔令淦、郑坚来罗定工作，加强党组织的力量，连李保纯、黄佩玲、谭机佳在内，党员人数共15人。此时，以李保纯为负责人的罗定党组织得以恢复，使前后停止近三年的罗定党组织活动迅速开展起来。

三、三罗党组织对武装斗争的部署

1946年11月6日，党中央给南方各省发出指示：凡有可能建立游击根据地者，应立即建立公开的游击根据地；凡条件尚未成熟之地区，采取隐蔽待机的方针。据此，广东区党委做出了恢复武装斗争的决定，提出"不违反长远打算，实行小搞，准备大搞"的方针。1947年初，这一指示传达到三罗。三罗党组织经过冷静分析研究，决定云浮党组织全力以赴投入以云雾山为重点的武装斗争；郁南基础较好，条件较成熟，准备搞武装起义，建立人民武装；而罗定情况较复杂，党内又几经折腾，不能操之过急，先要尽快恢复党组织的活动，为武装斗争做好准备。该部署得到粤中区党组织的支持和认可。

为从思想上和组织上切实做好三罗武装斗争的准备工作，三罗党组织于1947年7月在云浮洞坑开办了为期一个月的党员训练班，内容有形势教育、武装斗争教育、学习整风文件、整顿思想作风等。各县共派出14名支委以上的党员骨干参加训练班学习，罗定派谭机佳、陈文英参加。

第二节 从东西两翼开创罗定革命根据地

一、云罗阳边区的建立及在罗定的活动

1947年8月，根据粤中区党组织的指示，由吴桐、朱开率领的24人小分队由恩平、阳春开赴云雾山区。吴桐，广东东莞人，1939年入党，1941年参加珠江三角洲的游击队，历任班长、连长及广东人民抗日解放军副团长、团长、台山滨海大队长等职，1946年6月东江纵队北撤时，留下负责粤中区军事工作。朱开，广东中山人，1942年参加中山抗日游击队，历任班长、小队长、中队长（连长）等职。这支小分队深入发动群众，培养堡垒户，建立堡垒村，开辟交通网点，开展武装活动。八九月间，派出武工组在云罗阳边区的金鸡、富林、阳三、藕塘、洪塘一带开辟交通点，动员阳三乡长雷之楠、双富乡长刘新苟等人参加游击队。10月，朱开带着杨彪、梁伦、曾计满等人，袭击了云浮镇安敌电话所，奏响了三罗武装斗争的前奏曲。金鸡则成为罗定县开展游击活动最早的地方。

1948年1月7日，吴桐、朱开小分队在云浮富林袭击了驻关帝庙的云浮县敌保警一个中队，俘敌中队长、中队副及以下官兵60多人，缴获轻机枪2挺、手枪1支、步枪35支、子弹数千发及军用物资一批，打响了三罗武装斗争的第一枪。富林战斗后，云浮县人民自卫队宣布成立，成为云罗阳边区武装的主力。从

此，以云浮飞地西山为根据地的云罗阳边区逐步形成，游击战争迅速开展。

1948年2月9日，吴桐、朱开小分队在金鸡、洪塘一带民兵的配合下，由李镇靖指挥，袭击了国民党驻金鸡的警察中队，取得了攻打金鸡的胜利，打响了罗定武装斗争的第一枪。金鸡、苹塘一带毗邻云雾山，开展游击活动最早，很快建立了游击根据地。韦应铺是参加游击活动的活跃分子，除参加吴桐、朱开小分队的游击活动外，还经常到金鸡、苹塘一带组织民兵活动。经过一段时间的努力，他发动了1000多人参加民兵组织，协同游击小分队作战，有时还直接参加战斗，对推动三罗武装斗争的发展做出了积极的贡献。粤中纵队第四支队第三团成立后，韦应铺任第三团第二营第一连连长。

根据斗争形势的发展需要，中共中央香港分局（1947年5月设立）于1948年3月做出决定，派冯燊、吴有恒、谢创、欧初四人成立粤桂边区党委广南分委，书记冯燊。三罗区归广南分委管辖。同月，冯燊传达香港分局批示：成立三罗总工委，书记唐章，委员李镇靖、吴桐、谭丕桓、龙世雄。成立三罗总队，地方工作和武装工作统一领导。唐章，广东中山唐家湾人，1937年入党，1938年到西江地区从事革命活动，历任县委组织部部长、县委书记、中心县委书记、特委委员等职。李镇靖，郁南桂圩人，曾就读于黄埔军校，后赴延安，就读于抗日军政大学时入党，返回广东后，任少校参谋、参谋长等职，抗日战争胜利后，到广州蔡廷锴处当《自由报》编辑，后到香港参与李济深、蔡廷锴筹建中国国民党民主促进会（后改组为中国国民党革命委员会）工作，任中央理事会理事、中央候补委员等职。1948年2月，他在中国国民党革命委员会选举大会结束后返回三罗。此时，粤中大部分地区已经恢复公开的武装斗争，三罗地区起步虽然较迟，但也已开始行动起来。

二、罗郁岑边区的建立及在罗定的活动

为加强三罗武装斗争，粤中区特派员谢永宽于1947年8月增派十多名党员干部到三罗开展工作。此时，三罗特派员谭丕桓看中了加益这一战略要地，即派孔令淦、郑坚夫妇到加益，做开辟游击根据地和建立据点工作。

加益地处粤桂两省的罗定、郁南、信宜、岑溪四县交界的云开大山山区，位于罗定西部，原属郁南管辖（后属罗定），但离郁南县城较远，对两省四县开展武装斗争工作甚为有利。孔令淦是广宁人，大革命时期毕业于广东高等师范学校并入党，是西江地区第一个中共支部的老党员，抗日战争时期任西江特委委员，长期以教师职业做掩护，从事党的工作，外号"孔夫子"。孔令淦夫妇经陈公朗介绍，分别到加益的郁南四中和加益圩附近的小学任教，开展党的组织建设活动及建立交通点工作。随后，孔令淦与罗定泗纶的中共党员张志远、辛荣中、谭硕儒等成立了罗郁岑边区党支部，孔令淦任支部书记，组织关系隶属罗定党组织领导。经过精心策划和安排，以孔令淦为负责人的罗郁岑边区初步建立交通点，为后来的交通网点建立提供经验，为罗定乃至三罗武装斗争的开展做出了重大贡献。

1948年1月，粤中区为进一步加强对罗定武装斗争的领导及组织工作，决定调伍伯坚任罗定特派员，李保纯则调任郁南副特派员，加强武装起义工作。伍伯坚，广东台山县四九圩福安村人，1939年在庚戌中学加入中国共产党，在高明、台山、阳春、开平等县做地下党组织工作，历任党支部书记、县委宣传部部长等职，有丰富的地下斗争经验和刚毅稳健的决断能力。三罗特派员谭丕桓交给伍伯坚的任务就是在罗定开展武装斗争，近期为郁

南武装起义部队建立后方基础，罗定也要发动群众，建立人民武装队伍，支援云罗阳边区游击队活动，加速开辟罗郁岑边区工作，发展罗定武装斗争。

1948年2月，伍伯坚到加益接收孔令淦的组织关系，孔令淦向伍伯坚汇报三个月的工作情况，伍伯坚对他通过教学活动树立威信，站稳脚跟、培养入党发展对象等出色工作非常赞赏。不久，孔令淦就在郁南四中的师生中发展了黄式尧、王泽义、王浩汉、陈聚龙、王瑞焕等人入党，郑坚也在加益农村中建立交通点，发展党员。

1948年2月底，三罗特派员谭丕桓对加益工作给予大力支持，调徐文华到加益担任党支部副书记，专门负责开辟农村据点工作。徐文华，祖籍云浮柳湾边村人，生于三水西南镇，1938年入党，曾任云浮抗日先锋队独立支队支队长，后到郁南、清远等地从事地下工作。通过张志远的关系，徐文华先到替架小学以教书做掩护开展工作。他工作能力强，积极发动群众，在短期内就培养了冯承扬、冯承发、冯承林等骨干力量，建立了交通点。后又向附近农村推进工作，只花三个月时间，就在扶合、合江、梅子坑、鳌头等村建立交通点，与替架连成一片，可供起义部队进行回旋活动。不久，党支部也升格为中心支部，由孔令淦、徐文华担任中心支部正副书记，领导罗郁岑边区的加益一带群众开展武装斗争各项工作。

1948年4月18日，郁南"四一八"起义成功，动摇了国民党当局在西江的反动统治，对全省震动很大。国民党第三区专员陈文和郁南县县长孔繁枝被撤职，造成重大的政治影响，也增强了三罗人民武装斗争的信心。经过一个多月的艰苦作战，起义部队于1948年5月27日到达加益鳌头，与孔令淦、徐文华会合，在加益、扶合一带隐蔽起来，争取到十多天时间的休整和总结。由于罗郁岑边区群众工作做得好，部队到来后得到群众的拥护、支持和爱戴，后勤工作有条不紊，消息也封锁得非常严密，部队行踪未被暴露，敌人的"进剿"一无所获。罗定党组织完成了上级交给的任务，为起义部队提供了一个回旋活动之地。

三、罗定游击区的建立和发展

（一）建立河口交通站

河口是郁南东部南江岸边的一个小圩，位于郁南、罗定、云浮三县交界地，地理位置十分重要。1947年初，罗定籍党员谭机佳、陈文英就在此地以教师职业立足，就近协助罗定特派员李保纯开展工作。是年冬，云罗阳边区有了游击队活动，这个点就成了游击队与各地联络的交通枢纽。为此，三罗党组织决定在河口设立交通站，谭机佳、陈文英为负责人。这个交通联络站的建立，对接送干部、隐蔽骨干、疏散队伍、运送武器弹药等起了重要作用。很多领导和部队干部都住过这里，或经这里进出云罗阳边区及到其他地方去，最繁忙时曾住过四五十人。河口交通站是罗定党组织支援武装斗争、为游击队服务最早设立的一个点，直至1948年4月才移交给云罗阳边区游击队。

（二）经营罗定县城交通点

伍伯坚任罗定特派员时，罗定党组织由于受国民党反动势力多次大规模的镇压，党的力量比较薄弱，武装斗争尚未起步，缺乏群众基础，开展工作比较困难，连伍伯坚在内，党员只有16人。为此，罗定党组织抓紧接收、发展党员工作，动员他们投入武装斗争的准备工作，既抓农村，又抓县城，发挥他们在开展武装斗争中的骨干作用。为推动和加快罗定武装斗争步伐，必须建立交通点，才能适应革命斗争的需要。1948年3—4月，在泗纶的涩塘、双东的六竹黄鹂塘，分别建立了以徐国栋、王肇汉为负责人的交通站，对沟通三罗党组织与部队的联系发挥了重要作用。

罗定县城（即罗城）是罗定县政治、经济、文化中心，水陆交通比较方便，可直接通向西江及郁南、云浮，是三罗地区的交通枢纽。要在罗定开展武装斗争，就要立足罗城，发展进步力量，收集情报，建立网点，把罗城建设成为罗定武装斗争的后方。罗定县城有多所中学和一所师范学校，是知识青年相对集中的地方。中学生与农村有密切联系，比较容易接受新生事物，又加上学校里有几个党员教师，宣传发动工作比较容易开展。为此，伍伯坚决定把学生工作作为罗城工作的突破口，安排双东中心小学校长王肇汉为负责人，与教师夏张帆、罗定中学教师张灿钧组成学生工作组，在学生中发展党员。

首先是组织读书研究会。1948年2月底，由夏张帆、王肇汉、张灿钧等人组织发动，在道前街的一间商铺正式开展读书研究会的活动，参加者有罗城师范学校学生陈开荣、谭伯旺、陈正安、陈金焕、张文辉、张松钧、陈达芳，罗定中学学生陈乃焱，县立罗定一中学生王应勃，郁南二中学生陈武略等。罗定师范学校毕业生王应略此时已在康任小学任教，但亦常来参加。在读书研究会中，王应略、陈开荣最为活跃。学习内容有大众哲学、社会发展简史、政治经济学、新民主主义论、论联合政府等，通过读书、讲解、讨论、辩论、写心得、谈体会等方式方法，学生们得益不浅。通过读书研究会的教育培养，确定党员发展对象，并于1948年5月前后发展王应略、陈开荣等几人入党。

其次是成立罗定解放同盟。1948年7月，在组织读书研究会的基础上成立的罗定解放同盟，是罗定党组织的一项创举。它是罗定党组织的外围革命群众组织，其主要任务是宣传党和人民军队的政治主张，动员青年学生参军参战，做好党的交通情报及支前工作。第一批参加罗定解放同盟的有陈开荣、谭伯旺、陈正安、张松钧、陈乃焱、陈金焕、邓仁辉、陈家杰、陈达芬等9人，后来增加到20多人，最后发展到100多人，遍及县城各中学，为协助开展武装斗争，为罗定的解放事业做出了重大贡献。

经营好罗城后方，是武装斗争的一个重要环节。经过王肇汉、夏张帆、张灿钧在罗城的活动，不少青年学生投身革命洪流，准备迎接罗定的解放。夏张帆、王肇汉离开罗城后，张灿钧、陈公朗、丘家骏、辛绍卿等人在罗城坚持地下工作。罗城交通点的主要任务是：做好统一战线工作，争取各界人士对游击区的广泛支持；做好宣传发动工作，扩大武装斗争的影响；帮助部队解决医药用品、武器弹药和其他物资供应；做好交通联络和情报工作，营救被捕人员；等等。

交通情报方面，罗城交通点做了不少工作。陈公朗以罗城为立足点，长期不露声色地积极活动，接触国民党军政人员及社会各阶层人士，收集情报，做统战工作，发挥很大作用。后来的连州战斗取得重大胜利，与罗城交通点及时准确地向部队传送情报有很大关系。交通站设在谭屋岗辛绍卿家里，交通员陈海顺历尽艰险，长期奔走于罗城与游击区之间。连州战斗前张灿钧通过在国民党炮兵营当文书的陈式时取得的情报，由交通员王应勃及时传送给人民军队，对取得连州战斗的胜利发挥了重要作用，得到粤中纵队第四支队司令员李镇靖的多次赞扬。

后勤供给方面，党组织刚刚恢复，存在很大困难。面对这一情况，罗定党组织注意做好民主人士、开明士绅的团结和争取工作，使他们的思想向共产党的主张靠拢，从而支持武装斗争工作。在此期间，民主人士陈兴立医生、博爱医院谭恩珩、罗定中学苏尔堂等人对游击队热情帮助，部队所需的医药用品、地雷、炸药及引信器材、步枪、子弹等物资，他们都尽力支持解决。罗镜的开明士绅潘宗英，通过同罗城人士的各种关系，也为部队弄到不少作战物资，对共产党领导的武装斗争予以大力支持。

（三）开辟"山间走廊"

1948年初，罗定的国民党当局起用李冠伦、李伯桃、陈少达等人，拼凑成立罗定县自卫总队，由李冠伦任总队长，把矛头直指游击队。根据武装斗争的需要，罗定党组织把建立交通站作为重中之重的工作来抓，为开辟游击根据地，开展武装斗争做好充分装备。

1948年2月，伍伯坚到罗镜了解情况，认为罗镜背靠云开大山，离罗定县城40千米，可以居中沟通罗定东西两翼的联系，地理位置十分重要。此地又是蔡廷锴的老家，十九路军旧部相对集中，政治条件和群众基础都比较好，对开辟游击根据地十分有利，是开展武装斗争活动的好地方。伍伯坚在罗镜先恢复区维熙、蔡振球两位农村党员的组织关系，发挥他们的积极作用。经过他们串联发动群众，动员积极分子参与工作，很快就在替豆塘村建立起交通站。这是罗定党组织在罗镜农村建立的第一个交通站，成为沟通罗定东西两翼的重要交通站。

为进一步开辟农村交通站，加快武装斗争的步伐，伍伯坚经陈公朗介绍，设法找到李芳春之堂弟、在横岗六迪村当小学教师的李锐春，把他发动起来。随后又经李锐春发动，万车的陈少明、云致的张日熙、素龙棠梨的陈钜等人，也投入武装斗争，并在云致建立起另一个交通站。在云致至罗镜之间的新榕、连州一带，经陈公朗提供情况，伍伯坚又在新榕大围村找到农民叶仲威。他表示积极支持，除本人负责交通站联络工作外，还带上两个儿子叶东、叶雄当交通员。接着，又通过叶仲威的串连发动，在新榕山口村蔡浩家建立了云开大山下一个战略地位极为重要的交通站。

群众基础建立后，开辟交通点线初露端倪。1948年4月，伍伯坚把谭机佳从河口交通站调回来，专门负责经营替豆塘等有关交通线。谭机佳先在替豆塘发动群众，扩大活动范围，培养积极分子，然后回到他老家都门去发动群众，建立起谭登贵交通站，沟通从云致经都门到加益的交通线。谭机佳还在上麦、下麦建立起交通站。都门海拔500米，而上麦、下麦海拔800米以上，从都门到上麦，要沿山梁攀登300多米石级上去，山势十分陡峭。上麦、下麦有一条偏僻的山路可直达新榕山口村，这条山间小道，既险要，又隐蔽，既安全，又快捷，是供部队来回活动的好通道，故起名为"山间走廊"。这样，从云罗阳边区经金鸡、罗镜、新榕到罗郁岑边区的加益这条东西两翼交通线就全部贯通了。这条交通线上的交通站，除传递信息外，还可供部队来往住宿，每一个交通站都成为一个堡垒。

经过两三个月的工作，孔令淦、郑坚在加益，徐文华、张志远在扶合、南山一带，徐国栋在泗纶涩塘一带开辟交通线，加上1948年6—7月在围底凤山建立的交通站，可沟通罗城到金鸡之间的联系，9月在蒟塘建立的交通站，使金鸡与罗镜之间的交通联络和部队来往活动有了保证。1949年2月，在罗镜成立交通联络总站，任命蔡浩为总站站长。至此，全县的交通联络站、点达到70多个，交通联络员120多人。同时，发展和完善了以罗镜为中心，伸向信宜、金鸡、苹塘、罗城、加益以及从加益到县城等几条交通线，并将线、站、点连成片，形成四通八达的交通联系网络，为开展武装斗争创造了有利条件。

（四）罗镜游击区的建立并向全县纵深发展

1948年6月，根据广南分委的指示，三罗总工委决定以云罗阳边区作为游击战的重点地区，由唐章、李镇靖亲自领导开展工作，云浮人民自卫队转向外围活动。粤桂边区是三罗的战略要地，由吴桐、谭丕桓、李荣欣率领郁南起义部队主力，挺进罗郁岑边区。这样，三罗武装力量在罗定的东南和西北形成两个"拳头"，对罗定开展武装斗争十分有利。三罗总工委还根据广南分委的指示，派陈汉源带武工组回罗定，并抽调一批干部力量支援罗定，把罗定的武装斗争迅速发展起来。陈汉源，罗定罗镜水摆村人，1938年入党并参加革命工作，1939年任中共罗定县委委员，后调到东江进行革命活动，是罗定籍从事革命工作较早的党员干部。

1948年7月，陈汉源带领范林、蓝芬、李大年武工组回到罗镜后，接收了叶明的党组织关系。通过叶明的关系，将从部队调来支援开辟罗镜游击基地的两位女党员刘坚、黄珍安排到镜西、龙岩小学任教，并以此为掩护，建立党小组，在罗镜圩叶明家光裕堂设立秘密联络点，这是陈汉源开辟工作的立足点。陈汉源在罗镜通过三罗总工委与罗定特派员伍伯坚取得联系，共同研究部署罗定武装斗争的开展，决定集中力量，组织两个武工组，配备一些短枪，先打开西南、西北两区的局面。西南区由陈汉源、范林负责，西北区由徐文华、谭机佳负责。在建立交通网点的基础上，发展民兵组织，加强武装力量，开展武装斗争。

西南区由陈汉源带武工组在黄泥荡到分界一带辟点，范林带武工组向镜东一带辟点。依靠本地党员，串联发动群众，经过艰苦深入工作，两个武工组都扎下根来，建立起梅花式网点，每个点又发动一批积极分子参加，并以陂头村为重点，在叶畅源、叶铿家扎根，9—10月，在陂头村秘密成立了罗镜第一支民兵队伍，人数15人，有长枪4支、短枪3支。水摆民兵组织也发展到70多人。再经一段时间的活动，民兵队伍已扩大到100人以上。武工组在辟点的同时，在青年学生中物色培养骨干力量，发动泷水中学部分学生投身革命队伍，扩大武装力量，区坤、叶钊就是从学生中被吸收参加武工组工作的。

西北区也分成两个武工组，一个组由谭机佳率领，协助郁南起义部队休整，并以都门为中心，将罗信边连起来，与西南区连通。另一个组由徐文华率领，发动参加过大革命的李锐春、陈少明、张日熙等老同志，开辟横岗、万车、云致一带的农村交通点，并在当地成立武装队伍。至1948年10月，徐文华、谭机佳在泗纶、南山、都门一带开辟的交通点，已与粤桂边加益地区开辟的交通点连成一片。

吴桐、谭丕桓率领的部队在粤桂边区党支部的配合下，抓住有利时机，利用各种关系，四处设点连线，向广大农村伸展。先后在上下赖、金充、大寨、扶合、木格、合江、簕架、梅子坑、鳌头、南京峒、黄茅、河口、泗纶、夜护等地设立交通点，发动群众开展串联活动。还通过王永尧、王泽义、王成森等人，深入广西岑溪的梨木、大隆、水汶、箖竹、新圩等地，加强粤桂边武装组织的联络沟通工作，扩大武装队伍的影响。在王成森、王福汉等人串联发动下，组织了50多人的武装队伍，拥有枪支40支。武装队伍先拔掉了六云恶霸雷鸣球、加益反动乡长王达初这两颗"钉子"，后打信宜敌自卫队，收缴了加益敌乡公所、警察所的枪，率领加益、簕滨、新乐一带的民兵几百人解放簕滨，建立中良乡事委员会，成立中良乡自卫大队，由黄鼎元、禤特夫任正、副大队长。罗郁岑边区游击队的日益壮大，使罗定自卫队原总队长李冠伦欲带队驻防泗纶以镇压"扫荡"游击队的行动也不得不取消，只能龟缩县城，再也不敢轻举妄动了。

那时候的交通情报工作和开辟交通点工作是异常艰险的。新榕交通站在叶仲威、叶雄等人冒着生命危险奔走下发挥了较大作用。为了协助郁南起义部队，交通员蔡浩冒险为部队卖黄金购粮而泄露机密，遭到国民党军队的抄家和通缉。1948年中秋节，徐文华、李大池和交通员冯承扬到罗镜执行任务，向陈汉源汇报工作后，从罗镜返回加益，途经新榕交通员叶雄家稍休后继续返程，交通员叶东一起同行。当经过磨石迳时，与李伯桃的国民党自卫中队相遇，由于躲避不及，被迫交火，但因敌众我寡，徐文华被捕，警卫员李大池在与敌搏斗中牺牲。1948年12月，河口交通站被破坏，先后被捕的有何潮、刘石、陈文英、沈玲等人。1949年1月30日，李保纯、王肇汉、何梅三人前往替滨相思永同生药店取枪，店主通知替滨乡公所派自卫队将他们包围，这三人在突围中壮烈牺牲。

随着交通网点的建立和群众工作的深入，民兵组织在全县各地逐步建立起来，武工组和民兵队伍的活动，遍及罗定各地山村，革命老区人民群众已行动起来，积极投身热火朝天的武装斗争中去。

（五）统战工作加紧进行

统一战线是中国共产党战胜敌人、取得革命胜利的三大法宝之一。统战工作做好了，就能促进武装斗争的顺利发展。罗定党组织在大力开展武装斗争的同时，把统一战线工作列入党组织的重要事项加紧进行。

罗定的统战工作主要对象是蔡廷锴的十九路军旧部以及由他组建的民主促进会在罗定的成员，还有其他开明绅士等。统战工作的重点，又放在罗镜、罗城两个点上。在这方面，谭朗昭、区映寰等人做了不少工作。谭朗昭，罗城镇谭屋岗人，1938年在广州国立中山大学读书时入党，抗战初期曾任中共罗定县委组织部部长、宣传部部长等职，他的哥哥谭明昭是蔡廷锴的秘书。谭朗昭于1946年9月在罗镜泷水中学任教时就发展学生叶明入党，与十九路军旧部家属联系密切，1948年初撤离罗定后，到香港继续协助做统战工作。区映寰是罗镜人，也于抗战初期入党，因《三罗日报》事件后革命形势恶化而脱离了组织，但思想上他始终要求进步，对十九路军旧部情况十分熟悉，1947年初李保纯在罗定恢复党组织工作时，三罗特派员谭丕桓就安排他将区映寰作为党的同路人联系，请区映寰多做十九路军旧部的统战工作。

在罗镜方面，伍伯坚接任罗定特派员后，经夏张帆介绍，认识并接见区映寰，并于1948年4月派他回罗镜做十九路军旧部的统战工作。罗镜的十九路军旧部颇多，政治态度各有不同，而最有影响力的是原十九路军少校军需潘宗英和蔡廷锴之弟蔡达锴，他们走蔡廷锴之路，愿与共产党合作，是统战的重点对象。对于开明绅士叶宴林、区觐南、张楚伯等人，通过做思想工作，争取他们保持中立。还有一批原十九路军连营级干部，如区才、戴华、廖树周、区寿全、翁云廷、张君球、区乃庄等人，多年失业居家，对现实不满，但有一定的军事知识和作战经验，把他们争取过来，对开展武装斗争大有用场。区映寰与潘宗英之子潘焱荣是在罗定中学读书时的同学，故以潘宗英家做联络点，开展对十九路军旧部的统战工作，向他们阐述共产党的主张，分析国内革命战争形势，说明蒋军必败、解放军必胜的道理，动员他们与蔡廷锴一样，坚定走与共产党合作之路，为推翻国民党的反动统治，建立新中国而共同奋斗。

1948年7月陈汉源回罗镜后，也通过在罗定中学读书时的同学潘焱荣，对潘宗英进行形势教育，使潘宗英的思想转向进步。

加上蔡廷锴从香港北上解放区，发布全力支持共产党在国统区组织武装解放全中国的声明，对潘宗英的思想转变起了决定性作用。通过陈汉源、区映寰、潘焱荣等人做工作，再由潘宗英等人发动，十九路军旧部大多数人站在共产党这边，不少人毅然投身革命，加入共产党组织的人民武装队伍。而拥护蔡廷锴的开明绅士，大多数也对罗定武装斗争表示认同，并支持和协助开展武装斗争工作，对罗定武装斗争的发展是有力的推动。后来，粤中纵队大进军抵达罗镜和四支、十四团在罗镜活动时，潘宗英积极协助部队筹措粮食，做好后勤工作，及时解决部队供给，体现了统战工作的成效。

在罗定县城，主要是由王肇汉做黄元白的工作。黄元白是辛亥革命时期的同盟会会员，是国民党的元老。他为人正直，洁身自好，光明磊落，敢言无私，在罗定威望颇高。他对蒋介石的所作所为甚为不满，曾讥讽蒋介石"自以为驱策百姓可以如使群羊，有朝一日那只羊牯头也会被咬死的"。通过做工作后，黄元白的思想转向了革命，言论和行动都站在共产党一边，为支持和协助游击队做了不少工作。黄元白政治态度的转变和思想上的进步，对各界群众影响很大，对共产党领导下的武装斗争开展甚为有利。

第三节 罗定县工委的建立和武装斗争的开展

一、成立中共罗定县工委

罗定的武装斗争，初期的工作是很艰苦的。但在三罗总工委及三罗总队的领导和支持下，罗定党组织深入发动群众，以民兵组织和武工队活动形式，开辟交通点，扎下根子，为武装斗争的开展打好基础。

从1948年7月开始，罗定的武装工作，是由地方系统党组织和部队系统党组织分别进行的。根据形势发展，把地方和武装这两个方面的领导统一起来，实行"地武合一"的时机已经成熟。同时，党的组织机构由特派员制改为委员制。

1948年10月，三罗总工委决定成立云罗阳边区工委，书记陈家志（后韦敬文），并成立三罗总队驻云罗阳边区办事处，主任罗杰，主要负责白石、富林、金鸡、苹塘一带的武装斗争工作的开展，直至1949年3月为止。

1948年11月，三罗总工委派吴桐、谭丕桓来加益替架村，召集罗定的主要负责干部开会，宣布成立中共罗定县工作委员会，县工委委员由陈汉源、伍伯坚、夏张帆、范林、谭机佳五人组成，书记陈汉源，副书记伍伯坚。会议上，总结分析了全县武装斗争工作情况，肯定了前段时间的方针、方法和成绩，确定今后的任务是进一步放手发动群众，壮大武装力量，把以罗镜为中心的西南区和以都门为中心的西北区建设成为武装斗争的根据地。同时要加强各个地区之间的联系，以便互相呼应，配合作战，更有力地打击敌人。会上明确了罗定地方党的工作和武装工作合为一体，由中共罗定县工作委员会统一领导，把党的干部拧成一股绳，更好地开展武装斗争和其他各项工作。在具体分工上，陈汉源负总责，伍伯坚负责组织和统战工作，夏张帆负责宣传工作。并分工陈汉源、范林负责西南区，夏张帆、谭机佳负责西北区，伍伯坚负责联系罗城及深入连州、黎少一带开展工作。中共罗定县工委的成立，为罗定武装斗争的发展打下坚实的组织基础。1949年5月获释的徐文华，后任粤中纵队第四支队第十四团副团长的戴卫民、丘子平等人也先后担任过中共罗定县工委委员。

1948年底，为便于开辟罗信边区的工作，罗定县工委与信宜武工组领导人李华（即罗强）等人研究，决定成立罗中区临时工作委员会，书记范林，副书记李华，负责领导开展罗镜至信宜中伙一带的武装斗争工作，直至1949年4月西南区人民政权成立后才撤销。

在中共罗定县工委的领导下，罗定县的武装斗争力量迅速发展壮大起来，至1948年底，罗定武装斗争的局面已经打开，以云开大山为依托的游击根据地已经形成。

二、组建粤中四支十四团

至1949年初，历时4个多月的辽沈、淮海、平津三大战役胜利结束，奠定了人民解放战争在全国胜利的基础。毛泽东为新华社写了题为《将革命进行到底》的新年献词，向中外宣告人民解放军将渡江南进，把解放战争进行到底。中共中央香港分局连续发出《关于迎接大军渡江和准备解放广东的指示信》和《我们当前的方针任务》两个文件，指示各地要迅速扩大武装部队，采取

"全面发展,重点巩固"方针,完成大块根据地的建立任务,迎接南下大军,全歼国民党残敌,解放华南。香港分局指示西江南岸打通新高鹤及三罗地区,"逐渐发展到控制西江"。分局还号召在港的党员干部回内地去,支援各地大搞武装斗争,迎接全国解放。

在港的爱国将领蔡廷锴响应中共中央号召,于辽沈战役时赴东北解放区,准备转往北平参加全国政协会议,共商建国大业。蔡廷锴公开声明自己不再搞武装,并全力支持共产党开展武装斗争,迎接全国解放。1948年底,在港的罗定党员谭朗昭向香港分局汇报了蔡廷锴在罗定老家藏有枪支弹药的情况,分局便布置他回罗定,对十九路军旧部进行策反,动员属下军官起义。此时,区映寰正从罗定来港,与谭朗昭和蔡廷锴家属取得联系。为此,香港分局同意谭朗昭偕同区映寰回罗定,动员在罗镜老家的蔡廷锴家属拿出武器,支持组织人民武装。

1949年1月,粤中纵队主力部队在冯燊、吴有恒的率领下挺进三罗,于1月24日在云浮富林与三罗部队主力会师,支持三罗部队开创武装斗争新局面。为适应进军三罗的需要,宣布将三罗部队改称为中国人民解放军粤中纵队第四支队,司令员李镇靖,政委唐章,副司令员吴桐,政治部主任谭丕桓。同时宣布将云浮人民自卫队改编为四支三团,作为四支主力部队,与粤中纵队主力部队独一团一起行动。

1949年1月26日,粤中纵队主力部队浩浩荡荡向罗定境内的金鸡、苹塘挺进,为金鸡周边群众所爱戴和拥护,一夜之间,金鸡周边有500多名民兵参加了队伍,使进军三罗的队伍已达1500多人。2月3日,全歼苹塘自卫中队60多人,缴获枪械一批,公开审判反动乡长李权章,群众无不拍手称快。苹塘战斗的胜利,震慑了围底驻敌,国民党县自卫中队中队长李伯桃主动派人搭线,并在部队到达围底时向天开枪后即退回罗定县城。

1949年2月，粤桂边区游击队组建了三罗总队第四大队，下辖四个中队，原榃滨武工组为第一中队，原加益武工组为第二中队，原新乐黄沙武工组为第三中队，原横岗中队为第四中队，人数共200多人。队伍整编后，即开赴罗镜游击区，与粤中部队和三罗部队会师，投入武装斗争行列中去。

1949年2月，受中共中央香港分局委派回罗定的谭朗昭、区映寰二人，已持分局和粤中分委的介绍信直到苹塘，与粤中部队和三罗党组织接上关系。按分局的布置并受三罗党组织的派遣，谭朗昭以粤中纵队第四支队司令部代表的身份回到罗定，对国民党军政人员进行策反，曾先后多次同国民党官员陈少达、谭其球等人谈判，但由于这些人无诚意而谈判失败。区映寰则带上蔡廷锴儿子蔡绍昌的亲笔信，比部队早一天回到罗镜，同县工委书记陈汉源接上头，商讨与蔡廷锴之弟蔡达锴等人谈判，准备取出其家中之武器，组织县人民武装部队之事。2月12日，由潘宗英联系，邀请陈汉源、区映寰、蔡达锴等人到潘家相聚，陈汉源主持谈判，很快达成协议，蔡达锴乐意交出家中存放的所有武器。2月13日，粤中和三罗进军部队抵达罗镜，当天晚上，即由部队派出一个连队，与县工委发动的罗镜、水摆民兵一起，将蔡廷锴家里的枪支弹药全部搬到罗镜圩叶氏大宗祠集中。被接收的武器有：重机枪2挺，轻机枪6挺，步枪100多支，驳壳枪18支，手榴弹4000多颗，子弹5万余发，还有军用地图和军事资料等几箱军用品。

1949年2月15日，罗镜圩披上了节日的盛装，广大群众和报名参军的民兵及罗镜圩附近的青年学生，怀着无比兴奋和激动的心情，纷纷会集罗镜泷水中学操场，参加县人民武装部队成立大会。会上，粤中军分委领导冯燊宣布粤中纵队第四支队第十四团

（以下简称"四支十四团"）成立，任命区映寰为团长，车克猷为副团长，陈汉源为政委，伍伯坚为政治处主任。全团470多人，编制3个连，其中重机连由十九路军旧部黄新任连长，其余两个连由粤中主力独一团抽调"自由""幸福"两个连的部分干部战士和当地参军的民兵组成。四支十四团的团部设在罗镜圩光裕堂，即原十九路军将领叶少泉家里。团部设参谋，由张洪祯担任。4月以后设政治指导员，负责管理团部人员的政治思想工作，陈文英担任政治指导员。陈文英调往中区后，由刘坚担任副指导员。团部还设立筹粮组，组长谭心，副组长辛传智。另外还配备数名副官。

十四团的建立，标志着罗定武装斗争进入了一个新的阶段。这支队伍由共产党直接领导，有严格的纪律，坚决贯彻执行党的路线、方针、政策，支部建在连上，执行"三大纪律、八项注意"，吃苦在前，享乐在后，以全心全意为人民服务为宗旨，为保护人民利益而战，是罗定人民的子弟兵，深得人民群众的拥护和爱戴。

此前，粤中四支十一团也在郁南成立，成为三罗武装力量的重要组成部分。在部队到达罗镜时，吴桐、谭丕桓也率领粤桂边部队到来与粤中纵队主力部队会师，他们带来的黄鼎元大队成为十一团三营。

三、连州战斗的胜利及影响

连州，位于罗定县境的中心地带，三面环山，一河北去，地势十分险要。在这里，发生了解放战争时期粤中区恢复武装斗争以来规模最大的一场战斗。

粤中部队在三罗所向披靡，国民党反动势力土崩瓦解，革命群众欢欣鼓舞。十四团的成立，令国民党反动派惊恐万状。国民党当局罗定县县长缪叔文和云浮县县长阮君慈闻讯，即联合向国民党第三区行政专员莫福如求援。莫福如也慌了手脚，连忙向广州"绥靖公署"主任余汉谋请求派兵"围剿"。余汉谋即派黎莫阶、曾崇山率领省保警十四、十九两个团，于1949年2月19日、21日开赴罗定，加上罗定纠集的自卫总队、保警等反动武装，共计兵力1700多人，配备六〇炮、八二迫击炮、掷弹筒及轻重机枪等武器，日夜兼程扑向游击区，企图一口吞掉人民武装，堵截歼灭大进军部队。

1949年2月16日，粤中纵队主力部队独一团、四支所属第三团、第十四团、第十一团三营及本地武装民兵共1500多人，从罗镜向连州、泗纶进发，准备向郁南桂圩挺进，于2月21日抵达连州。当晚，即接到由罗城、罗平交通站送来的张灿钧从陈式时处取得的有关国民党当局集中庞大兵力向连州进发的准确情报，为人民军队做好充分准备迎击敌人和取得胜利创造了有利条件。随后，人民军队又得到流动哨兵和当地交通员报告，敌人已在距连州五六千米的万车附近宿营。大敌当前，打还是不打，粤中军分委颇费心思。经粤中军分委和四支领导反复研究，多番考量，决定给来犯之敌以迎头痛击。整个战役由粤中军分委领导冯燊、吴有恒部署战役，并与李镇靖、吴桐一起到前线指挥战斗。具体部署是：四支三团在北面㴬寮岗组织防御，正面迎击来犯之敌；十一团三营配合三团在左侧掩护，以防敌人侧后迂回；粤中主力独一团在东北面九江山右侧关塘山占领阵地，以抗击从东北方向进犯之敌；十四团重机连配置在九江山军分委指挥所北侧和任顶待命，随时配合支援三团和独一团作战；十一团两个步兵连作预备队在连州东侧岗顶待命；其他人员及民兵由冯燊负责在大镬顶、葫芦顶南侧隐蔽。吴有恒带领李镇靖在任顶指挥所指挥战斗，对敌形成一个环形包围圈。要求各部于天亮前进入指定阵地，抢占有利地形，随时准备战斗。

2月22日拂晓，敌军从万车兵分两路进犯连州。上午9时许，敌先头部队到达替寮村前的根竹凹。此时，在前沿指挥作战的四支副司令员吴桐看战机已到，令三团二连连长陈凤堃率领战士抢占替寮岗制高点，以密集火力向敌扫射。敌军恃其优势装备，轻重机枪和迫击炮齐发，疯狂扑向人民军队的前沿阵地，但遭三团二连指战员用轻机枪、步枪的猛烈扫射而被压到山脚。扼守替寮岗的三团一、三连指战员也固守阵地，英勇抗击，致敌龟缩山下。一小时后，两路敌兵联合向替寮岗发动攻击，十多挺轻机枪集中火力向岗顶猛扫，情况危急。吴桐即令三团二连副连长黄就率领该连战士和十一团三营部分指战员登山增援，沉着应战。经一个多小时的猛烈扫射，敌再次兵分几路向岗顶冲来，陈凤堃、黄就等指战员把握时机，组织交叉火力网，打退了敌人的冲锋。其后敌多次重整火力，妄图发起冲锋，但三团指战员越战越勇，使敌人的正面进攻无济于事，只得向替寮岗两侧迂回，以图从侧面突破。正午时分，敌兵20多人向正面阵地运动，妄图从侧面攻过来，吴桐即令高远钧带该连战士抢占有利阵地，严阵以待，双方对峙不下。不久，敌又从正面阵地替寮岗向左侧白苏顶出击，派100多人抢占高地，把守白苏顶的十一团三营黄鼎元指挥部队向敌扫射，钳制敌人，敌不明虚实，只得退却。另一路敌兵200多人绕过官田、任顶，向黄岭右侧迂回包抄过来，企图偷袭替寮岗人民军队阵地之背，却早被吴有恒发现，即令十四团重机连向左侧官田方向挺进，并命令黄东明率独一团从关塘越过大娃顶，涉过连州河，向根竹凹方向迂回，迅速包抄敌之背后。当敌赶到黄岭脚时，十四团副团长车克猷指挥战士用两挺重机枪猛扫敌阵，掩护步兵冲锋。三团二营也兵分两路，在雷之楠、莫健如的指挥下，据守险要阵地，阻击敌人进攻，使敌始终无法越雷池半步。下午2时许，吴有恒认为反击时机已到，即令部队全线出击，三团由防御转入反攻，十四团重机枪连及预备队同时开火，独一团穷追猛杀，四路截击，将敌拦腰斩开数截，迫使敌人慌忙后撤。战斗紧张激烈，尘土飞扬，方圆数里炮声隆隆，硝烟弥漫。人民军队战士个个如虎添翼，冲锋在前，杀得敌人丢盔弃甲，抱头鼠窜。下午4时许，在人民军队的乘胜追击下，敌人腹背受击，狼狈不堪，纷纷向万车方向退却，夺路逃回罗城。

此役，人民军队缴获大批武器装备，取得了重大胜利。敌人伤亡60多人，遗尸10余具。人民军队亦伤5人，马志强、陈南昌、李金许、龙炳珍、雷林、廖原、黄荣等7人在这次战斗中光荣牺牲。

连州战斗的胜利，震动了整个西江，打开了三罗武装斗争的新局面。连州战斗在军事上打出了军威，使人民武装得到了锻炼，展现了部队的实力，扩大了共产党和人民武装队伍的影响，改变了一些原来持怀疑态度之人的看法，广大革命群众为人民武装队伍指战员的英勇善战而喝彩，十四团的威名很快就在人民群众中树立起来。群众自发宰了十多头大猪慰劳子弟兵，庆祝连州战斗的胜利。国民党反动派在军事上受到严重打击，敌军不得不龟缩在县城，再也不敢轻举妄动了。国民党罗定县县长缪叔文为此而丢掉了乌纱帽，被迫仓皇逃离罗定。粤中《人民报》和香港《华商报》都以醒目标题，在头版报道了连州战斗胜利消息。为祝贺连州战斗的辉煌胜利，中共中央华南分局（1949年春，香港分局改称为华南分局）向粤中部队发来贺电，电文内容如下：

"粤中区健儿驰战西江南岸，三罗频捷，高鹤扩张，顿使敌伪胆寒，民兵振奋，我军机敏英勇，至足嘉许。尚望着力全面发展，重点巩固，全体同志积极努力，完成巩扩兵力和地区的重大任务。"

四、人民政权的建设及人民武装的发展

连州战斗结束后，十四团随粤中纵队主力部队按原计划向粤桂边方向挺进，1949年2月23日到达泗纶。据当地群众反映，匪首赖华秋纠集惯匪二三十人，冒充"中国人民解放军粤桂边××中队"，在泗纶、㙟滨一带打家劫舍，无恶不作，危及乡亲，民愤极大。粤中大进军部队应当地群众的强烈要求，聚歼了这股惯匪，全部匪兵束手就擒，并于次日在泗纶圩召开公审大会，处决了匪首赖华秋等三人，当地群众无不拍手称快，盛赞人民军队为民除害。2月25日，粤中军分委认为三罗大进军目的已达到，决定改变进军郁南的计划，从泗纶转回罗镜，经船步、苘塘、金鸡返回云罗阳边区，将部队分散活动。至此，粤中部队三罗大进军胜利结束。

接着，粤中部队在新兴籀竹进行整编，原十四团建制的自由、幸福两个连及重机枪连的大部分战士，连同从蔡廷锴家里拿出的一批武器，大部分由粤中部队管理，十四团副团长车克猷调回独一团，回到高鹤地区活动，十四团仍回罗定，三团在云浮一带活动。整编后的十四团只有48人，配备轻机枪1挺，成立启明连，连长和指导员由富有作战经验的军事干部陈锦兴、刘伟杰担任，于1949年3月中旬回到罗镜、新榕一带，发展壮大自己的队伍。

连州战斗的胜利，使国民党当局在短期内无力拼凑与人民武装抗衡的军事力量，原有队伍又不敢轻举妄动，这就给十四团的发展壮大赢得了良机。1949年3月，中共罗定县工委决定将整编后的十四团分成4个小分队，分别在罗镜、新榕、水摆、分界一带活动，发动群众，积极扩大队伍。3月底，在陈汉源的领导下，在罗镜、水摆组建了郡阳营，营长黄灿，副营长陈锦兴。郡

阳营下设1个直属排和2个连：长沙连（后改为长江连）40人，连长戴华，指导员刘伟杰；福州连（后改为珠江连）30人，连长许汉英（后戴英武），指导员叶明；全营人数200多人。十四团原有的启明连，经发展后编为3个排9个班，人数发展到100多人，连长区汉，指导员区坤。

为了培养和加强部队的骨干力量，十四团政治处及时举办两期青年干部训练班，受训人数150多人。通过学习部队纪律和军事知识，开展革命传统教育，青年干部的政治觉悟和军事素养得到提高，对部队建设起到了积极作用。1949年4月，戴卫民（戴苏）从四支主力部队调任十四团副团长，这期间，十四团活动范围迅速扩大，充实了装备，健全了建制，全团人数达400人。1949年7月，戴卫民调任四支新一团副团长，派丘子平任十四团副团长，此时全团人数发展到600多人，成为一支英勇善战的人民军队。

与此同时，十一团三营也进行了整编，营长黄鼎元，教导员孔令淦，副营长禤特夫。三营下辖七连、八连、九连三个连，王光才、王成森、黎骥、黄启兴等曾分别任各连连长，陈惠敏、杨悦芬、何坚分别任各连指导员，人数达300人。随后，岑溪李炯球率领的太白队40多人归十一团编制，十一团三营继续扩大。原活动于云罗阳边区的民兵队伍也改编为三团二营，营长雷之楠，人数200多人，在武装斗争中发挥了积极作用。

1949年2月，在粤中四支十四团成立的同时，宣布成立罗定县人民政府，县长由陈汉源担任，实行"地武合一"，地方工作与武装工作统一领导。3月中旬，十四团从籍竹整编回来后，三罗总工委派谭丕桓来罗定，在太平潭白召开罗定县工委和十四团联席会议，研究了十四团的扩建，各区乡人民政权的建立，各区队的组织及民兵建设等一系列重大问题，决定部队分散活动，分成四个组,由县工委委员分别率领,深入农村,发动群众,组织武装,扩大队伍,并着手筹建区乡政权。具体分工是:陈汉源、区映寰、夏张帆带领启明连及部分工作人员在分界、水摆、罗镜、新榕一带活动;伍伯坚带领一武工组在古榄、罗平地区活动;范林带领一武工组在沙㙟、船步一带活动;谭机佳率领一武工组在泗纶、都门一带活动。

经过一个多月的艰苦努力,工作成效十分显著。1949年4月,罗定西南区政权首先建立,管辖罗镜、太平、新榕、分界一带,设行政督导专员,由潘焱荣担任。接着,成立水摆、分界乡人民行政委员会,主任分别由陈启进、张洪祥担任。区、乡两级政权建立后,在水摆又成立了乡级农会,在分界乡成立了九个村农会和民兵队,由张正卿任民兵队队长。这样,对推动各地农会及民兵组织的建立起了示范作用。同时成立西南区队,队长夏张帆,副队长张景福。区队最初有西湖、太湖两个连,各有二三十人,连长分别由区才、张国仁(后张安甫)担任。4月中旬,开辟了分界游击区,组建了洪泽连,人数发展到近百人,连长张作金,指导员陈文。接着又在新榕组建澎湖连,连长李伦秀。这样,西南区队共有四个连,人数在200人以上。夏张帆于8月调往中区工作,西南区队队长由徐文华担任。

西北区政权和区武装的建立与西南区齐头并进。西北区管辖泗纶、都门、连州及横岗一带,由谭机佳任西北区行政督导专员兼区队长。区队主力长庚连,有六七十人,连长辛中,指导员李申。还成立了紫微队、横岗队、云致队,各有二三十人,后发展到近百人,队长分别由梁广雄、李福、陈少明担任。5月间,中区政权和区队成立,管辖罗平、沙㙟、㙟感、船步、围底、㙟塘一带,行政督导专员范林,区队长陈汉鼎,副区队长陈开荣(后陈锦兴)。区队下属一个中队,由原来的武工组发展而来,人数六七十人，中队长刘学先，指导员王应略。为加强中区政权和区武装建设，县工委先后派夏张帆、陈文英、陈文到中区，夏张帆抓党的建设，陈文英管区队的政治工作。陈文调到中区后，在船步云罗组建了海虎连，连长黎冠伦，指导员陈文，人数约30人。此外，中区还成立了两个飞行队，分别在陈开荣、蓝芬率领下开展活动。

各区政权和区武装还设立区中心党支部，由区行政督导专员或区队长任中心支部书记。与此同时，郁南南区行政委员会成立，主任陈其荣，委员有孔令淦、陈公朗、欧青、李来、黄式尧等，并设立郁南南区驻加益办事处，主任欧青。云罗阳边区办事处也先后成立了10个武装民兵连队，其中金鸡五个连，苹塘及其他边区所属五个连，人数达800人，在开展群众工作和协助部队作战中发挥了较大作用。罗定各区人民政权和区武装的建立，使国民党反动政权土崩瓦解，国民党政权颁布的政令，离开了县城就成了一纸空文。

"战争的伟力之最深厚的根源，存在于民众之中"，"只有动员群众才能进行战争，只有依靠群众才能进行战争"，这是毛泽东关于人民战争的深刻论述。罗定解放前，农民受苦最深、民怨最大的莫过于国民党的征兵、征粮、征税。通过发动群众，用各种方式反"三征"，组织农会，发展民兵，开展减租减息运动，帮助群众解决不少切身利益问题，提高了党组织和人民政权的威信，人民群众自然就会拥护共产党，积极支援部队开展武装斗争。早在1948年秋，夏张帆、谭机佳等就在都门成立了洞安乡农会，并组织一支近百人的民兵队伍进行反"三征"，使原来气焰十分嚣张的乡保长不得不缩了手脚。十四团成立后，各地反"三征"活动更为活跃。1949年早春麦收时节，范林在船步樟岗村成立了中区第一个农会，接着又在沙萌石塘成立农会，使"白皮红心"的原保长把征得的粮食、税金都交给农会使用,征兵也不再搞了。1949年5月初,在开展借粮度荒,建立各村农会的基础上,水摆乡农会成立,有1000多人参加成立大会,影响很大。普遍开展减租减息运动,是减轻贫苦农民负担的又一项有效举措。1949年4月,中共罗定县工委和罗定县人民政府召开会议,由陈汉源主持,各区负责人和农会会长参加,把开展"双减"作为会议主要内容进行研究布置,会后各区乡也召开群众大会宣传贯彻。县人民政府还把"双减"的具体政策用布告形式向群众公布,规定不论地主、公堂、社坛、庙会等地租,一律减收25%,放债利息一律不得超过30%,这一政策深受广大群众欢迎。

在此期间,云罗阳边区还成立了抗旱救灾、减租减息工作队,开展放水救苗、向富户借粮度荒等工作,同时按"二五减租"规定实行减租,农民得益不少。罗郁岑边区的群众工作也积极开展,礕滨成立了镇南乡人民政府,组织了一支1000人的宣传队伍,开展群众工作,郁南南区人民政府成立之后,民兵组织发展到2000多人。群众工作的开展,使广大革命群众衷心拥护共产党,热爱人民的子弟兵。人民群众的支持,成为武装斗争不断取得胜利的重要保证,这也是毛泽东关于人民战争光辉思想的具体体现。

第四节

武装斗争的发展及罗定的几场主要战斗

一、武装斗争高潮的到来

全国三大战役的胜利，大大加快了解放战争的进程。1949年4月21日，毛泽东、朱德发布向全国进军的命令，命令各野战军及各游击区人民解放军向全国西北、西南、东南、中南各方大进军，坚决、彻底、干净、全部地歼灭中国境内一切敢于抵抗的国民党反动派。从4月20日子夜起，人民军队百万雄师强渡长江，4月23日占领南京，宣告国民党反动统治的覆灭。接着，中国人民解放军在江南和西北数千里战线上冲锋陷阵，扫荡残敌，向着解放全中国的目标奋勇前进。

1949年初，国民党为挽救败局，派余汉谋为广东"绥靖公署"主任，薛岳为广东省主席，妄图利用他们支撑华南，以做最后的垂死挣扎。但此时的国民党在南方已无主力，战略防御体系已不复存在。在三罗，连州战斗之后，敌人已丧魂落魄，只好龟缩县城，数月也不敢出来窥视游击区。原罗定县县长缪叔文狼狈离职后，国民党起用已投靠蒋介石的原十九路军补充师师长谭启秀，任命他为广东第十二区专员兼罗定县县长，于4月走马上任，以维持其摇摇欲坠的反动统治。此时，罗定各地人民武装正迅速发展，国民党的区乡政权大部分已处于瘫痪状态，这一烂摊子很难收拾。

谭启秀回罗定后，秘密派其子谭肇彬到罗定中学找张灿钧，提出会见李镇靖和区映寰等四支十四团的领导的要求，张灿钧则借机提出释放政治犯的要求，以此表达谈判的诚意。随后，谭启秀释放了徐文华、陈文英、沈玲、刘石等四人。5月，通过潘宗英的联系，谭启秀邀请四支和十四团的领导与他会谈，三罗党组织和四支领导派谭朗昭、区映寰为代表，在黎少龙久谭启秀的家与其谈判。谈判中，谭启秀着意摸清十四团的兵力和装备情况，提出同十四团划分地盘，企图将游击队限制在罗镜、太平、分界、新榕一带小范围内活动。四支十四团方面不同意，声明十四团是人民解放军粤中纵队第四支队的一个团，是共产党领导的人民军队，并向他指出中国人民解放军已渡江南下，南京已解放，动员谭启秀迅速率部起义。而谭启秀不肯接受，致使这次谈判无结果而告终。为表示对十九路军的尊重，党组织和人民武装对谭启秀做到仁至义尽，吴桐在《人民报》上发表评论文章，赞扬十九路军抗日反蒋的光荣历史，劝告谭启秀珍惜时机，幡然悔悟，弃暗投明，但谭启秀却始终执迷不悟，顽固到底。

此后，谭启秀大肆搜罗党羽，扩大势力，组建了18个保安营，安插在县城及连州、泗纶、横岗、太平、围底、菁塘等地，对游击区设置环形封锁线，伺机发动进攻。经过两个多月的拼凑，谭启秀自以为羽翼已丰，脚跟已经站稳，即开始策划对游击区发动进攻，并付诸行动。但在中共罗定县工委的领导下，游击区已日益壮大，遍及全县各地，罗定已成为三罗武装斗争的主战场，三罗部队将集中兵力，主动出击，并动员革命群众和民兵组织协同部队作战，发挥人民战争的威力，给敢于负隅顽抗之敌以沉重打击。

二、太平战斗给敌当头一棒

太平，是国民党保安营长陈少达的老家。此人颇得谭启秀的赏识，恃其掌握有300人的兵力，又得地利，四处扬言要进犯罗镜游击区，气焰甚为嚣张。1949年6月中旬，陈少达带领保警100多人，窜扰太平，威胁罗镜。为了拔掉谭启秀安插在太平的这颗钉子，打掉敌人的嚣张气焰，保卫罗镜游击区的安全，四支司令部和十四团决定打击太平之敌。

战斗决定一经做出，战斗部署立即进行。6月18日，四支司令员李镇靖、副司令员吴桐率领四支两个连队并调集了十四团主力，加上西南区队和中区队各一部分的武工队共六七百人，以数倍于敌的兵力进击敌营。十四团主力由副团长戴卫民率领，兵分两路出击：一路占领马鞍山制高点，控制太平圩；一路沿镜东旁城岗一带搜索前进。李镇靖、吴桐亲自率领四支两个连，从太西、励志攻击，以断敌之退路。人民军队发起进攻的枪声一响，敌人立即乱了阵脚，拼命过河上山抢占制高点，以密集的机枪和迫击炮凶狠还击。四支和十四团的指战员英勇冲杀，以雷霆万钧之势迅速占领了太平圩。经过一个多小时的激战，敌人眼看无法挽回败局，只得撤回大塘，死守挞石顶，并乘夜往沙�方向逃窜。

在太平战斗中，击毙击伤保警中队长以下20多人，而四支十四团战士潘其森、黄之宝、陈昆也在战斗中负伤。太平战斗的胜利，给谭启秀当头一棒，驱逐了在罗镜游击区门户前的反动武装，打击了陈少达的反动气焰，给罗镜游击区军民吃上了一颗定心丸。环形封锁线封不住游击区的武装活动，保安营又如此不堪一击，使谭启秀一筹莫展，不得不重新考虑兵力部署，着力调整作战方案，准备使出浑身解数，以做最后搏击，企图挽回败局。

三、龙岗战斗打破敌人"五保联防"

1949年7月，当全县的武装斗争不断发展之际，盘踞在苹塘、罗阳一带的国民党匪首练仁三却大耍奸计，阳奉阴违，以船步圩的两个商号"宝生""博济"为联络点，暗中纠集地方反动势力，组织起"五保联防"与游击队为敌。明里他指使爪牙四出活动，假称成立民兵组织，邀请十四团和中区区队参加民兵组织成立大会，暗地里当部队前往参会途中路经龙岗时却设伏攻击。此圈套阴险毒辣。不解决这股反动武装，游击区的安全无法得到保障。

龙岗，在船步之南部，离船步圩三四千米。此处南面靠山，侧面有河，村庄房屋密集，易守难攻。1949年7月22日，中共罗定县工委在三罗党组织和四支司令部的支持下，决定调集四支新一团、十四团和中区区队、西南区队400多人，兵分两路围攻龙岗。战斗于上午9时打响，"五保"匪徒躲进一间大屋内负隅顽抗，枪声、炮声接连不停，子弹、火药爆炸物到处飞扬。经过一个多小时的逐屋巷战，把这股敌人围困在一个炮楼里。10时多，人民军队发起冲锋，战斗异常激烈，直至11时许，才把敌人的最后据点摧毁。这场战斗俘敌100多人，缴获长枪短枪100多支，处决了为首顽固分子11人，其余俘虏教育后释放。人民军队方面的李泉、吴红英、殷日养、陈作新等四人在战斗中牺牲，有十多人负伤。

龙岗战斗摧毁了反动势力的据点，打破了练仁三的"五保联防"，有力地打击了反动地主的破坏活动，为进一步开展武装斗争扫除了障碍，巩固了地方人民政权。匪首练仁三也不得不缩回罗阳老巢去，再也不敢来游击区胡作非为了。龙岗战斗的胜利，给中区军民以很大的支持和鼓舞。

四、水摆战斗粉碎敌人进攻阴谋

1949年7月23日，谭启秀所属李冠伦部六七百人，从连州、新榕向罗镜方向气势汹汹开过来，发起对罗镜游击区的进攻。为避开敌人锋芒，中共罗定县工委和十四团领导研究后，决定有计划地撤出罗镜圩。部队且战且退，于当晚撤到水摆。十四团领导还估计到敌人次日会进攻水摆，决定在此地打一场伏击战，给来犯之敌以迎头痛击。

水摆离罗镜不远，只有3000多米。这里又是陈汉源的家乡，群众基础好，农会组织和民兵组织都较为健全，是聚歼敌人的好地方。战斗由十四团鄱阳营和西南区队领导具体部署：考虑到水摆地形狭长，地势平坦，大部队作战难以展开，决定由十四团直属启明连登山控制制高点，以阻挡敌人进攻，留下鄱阳营在水摆伏击，由西南区队和民兵配合，与敌周旋。鄱阳营很多战士都是水摆人，他们熟悉地形，对打好这场伏击战信心十足。当晚，鄱阳营营长黄灿与西南区队队长夏张帆研究战斗策略，决定由黄灿指挥，带领小分队在莫屋埋伏，配备大火药枪一支，水摆民兵队队长陈启进带领民兵在梁屋埋伏，梁屋左右及水摆圩店铺则由其他水摆民兵22人埋伏，配备大火药枪一支，形成三处交叉的密集火力网。各方约定当来犯敌人进入伏击圈后，黄灿在莫屋先用火药枪开火，大家才同时开枪射击，峒心、彭屋的民兵则鸣锣助威。西南区队洪泽连则向分界方向作警戒，随时准备堵截来犯之敌。

7月24日早上7时半，李冠伦部一个中队从罗镜向水摆方向推进，9时许进入伏击圈。此时，在莫屋埋伏的部队首先向敌人开火，其他各处埋伏的民兵也随之向敌阵扫射。顿时，步枪、台枪、火药枪齐发，在附近稻田上收割的民兵也拿起武器参战，峒心、彭屋的民兵鸣锣助威，并用"火水箱"烧鞭炮作机枪声造势。一时枪声四起，锣鼓震天。特别是两支大火药枪发挥很大威力，杀得敌人胆战心惊，晕头转向，即时乱了阵脚。敌人全部落入十四团的包围圈中，却因看不到十四团兵力之所在，敌人火力无法发挥，被迫窜到水摆圩陈九屋内闭门顽抗。下午3时，敌人从罗镜调兵增援，企图搭救被困之敌，却被十四团启明连在大埇口至婆髻山一带居高临下截击，用机枪封锁其前进道路，敌人援兵只好退却。战斗至下午6时，敌人在民兵的喊话中乖乖地举起白旗，被困之敌全部投降。是役，敌副中队长李卓成被击毙，俘敌23人，缴获轻机枪1挺、步枪20多支。十四团战士陈远芳在战斗中负伤，张炳基、林进标、张国威等三名战士牺牲。

次日，与罗定反动武装组织联防的信宜保警100多人，从中伙向分界进犯，被西南区队和分界民兵截击，断敌增援之路。接着，四支司令部又命令陈家志率十一团三营、太白队和耆滨民兵等500多人佯攻罗城，吓得谭启秀惊恐万状，急命进犯罗镜之敌逃回罗城。

在水摆战斗中，人民军队干脆利落地消灭了敌人一个中队，主力部队、地方区队和民兵配合作战取得了重大胜利，是一场漂亮的游击区保卫战，也是一场人民战争的重大胜利。水摆战斗的胜利，粉碎了谭启秀对游击区"扫荡"的阴谋，大挫敌军之锐气，大长人民军队之威风，大大增强了人民群众对武装斗争取得胜利的信心。

五、云致战斗击毙"天上雷公"

1949年8月，国民党保警营长赖汉龙率部占据云致，是谭启秀插在云致的一颗"钉子"，赖汉龙对游击区虎视眈眈，意图十分恶毒。此人趾高气扬，夸口"天上雷公，地上赖汉龙"，四处抢掠，无恶不作，当地群众恨之入骨，纷纷要求人民军队给予惩治。当时，四支司令部率领新一团到达罗镜，中共罗定县工委和十四团研究并经四支司令部同意，决定拔掉这颗"钉子"，为当地百姓除害。部队曾派人到当地了解情况，与群众配合侦察敌情，绘制地形图，为"拔钉"做好准备。

1949年9月6日，即农历闰七月十四，农村习惯过"盂兰节"，部队侦察得知赖汉龙营部空虚，只剩20多人据守巢穴。罗镜与云致相距25千米，部队决定集中优势兵力，采取远途奔袭战术袭击敌人。白天在罗镜圩贴出下午举行篮球赛的告示，以麻痹敌人。战斗由四支司令员李镇靖指挥，十四团领导全部参加战斗。部队在天黑后从罗镜出发，由戴卫民、丘子平率领新一团两个连和十四团两个连，连夜急行军，在新榕稍作休整，于深夜2时许到达云致各阵地。

此夜，天空乌云密布，天色漆黑一团，战士们手臂系着白色毛巾作标记，兵分几路直捣敌营。新一团分两路，一路直插敌营，一路占领鸡翁顶制高点。直插敌营的一路发现营地空虚，很快就占领了，其实是敌情有变，敌大部分兵力集中到鸡翁顶去了。新一团另一路到达鸡翁顶，连长陆礼指挥康桃一个加强班，由副排长邓锦率领登山占领制高点。此时，"天上雷公"赖汉龙亲自上火线，下排哨，掌握重机枪。十四团启明连发起攻击侧翼之敌，遭到敌人重机枪从鸡翁顶上扫射。康桃班老战士多，作战经验丰富，临阵不惧，镇定自若，英勇抵敌。一发现敌人的重机阵地，即集中火力射击，在夜色中的树枝掩护下，打一阵换一个地方，分成两个战斗小组，跳跃式向前推进。当邓锦等人摸到鸡翁顶部时，竟发现赖汉龙和一些士兵守着一挺重机枪在阵地上，有的蹲着，有的站着，有的坐着，目光皆向前方，全然未发觉人民军队已摸到他们的背后来了。邓锦立即机警地命令全排战士瞄准射击，一阵齐射，邓锦先把赖汉龙射倒，在旁几个敌兵也很快被拿下，其他敌兵吓得浑身发抖，全都举手投降。枪声一响，包围部队从四方冲向敌阵，敌人全部溃散。邓锦在山上收缴重机枪和其他枪支时，才知"天上雷公"已被击毙。部队迅速攻占鸡翁顶，在一片"缴枪不杀"的呐喊声中，敌军全部束手就擒。在此战斗中，女指导员黄珍冲锋在前，勇猛杀敌，表现十分出色。这次战斗人民军队毙敌7人，俘敌10多人，缴获重机枪1挺、步枪10多支。人民军队卢耀汉、梁二等两人牺牲。战后四支司令部在罗镜召开军民祝捷大会，给立功指战员授奖，陆礼、黄珍、邓锦分别被授予"战斗英雄""为民前锋""杀敌至果"锦旗，以资奖励。

夜袭赖汉龙的胜利，拔掉了"钉子"，粉碎了敌人企图截断西南区与西北区的联系，进而蚕食罗镜游击区的阴谋。击毙了"天上雷公"赖汉龙，安定了游击区军心民心，当地群众无不拍手称快，欢呼人民武装部队为老百姓铲除了一大祸害。

六、加益战斗使敌魂飞魄散

1949年9月底，十四团在西北区的罗塘、双德、扶合一带山区活动，决定从扶合挺向加益休整，并与十一团三营和十一团所属的广西岑溪太白队会师。队伍到达合江时，获悉郁南保警罗国璋部300多人正向加益进犯，妄图与罗定、信宜、岑溪的保警合围，以吃掉在粤桂边区的岑溪太白队。

面对敌人的围攻，罗定县工委和十四团领导分析研究，认为敌人虽然从四方来犯，但最嚣张的是罗国璋这一路，只要击败罗国璋，其余三路必闻风而逃。为保护当地群众利益及支援兄弟部队作战，十四团决定在距加益二三里的山岗上伏击敌人。此地两旁倚山，四周密林，又是进入加益的必经之地，可打他个措手不及。

9月30日下午2时多，敌人果然来犯。罗国璋乘坐着轿子，率领众匪，趾高气扬地从合江向加益进犯。埋伏在高山密林中的十四团指战员严阵以待，密切注视敌之行踪。当敌人进入伏击圈深宜桥时，指挥员一声令下，战士们立即投入战斗。顿时，机枪、步枪、手榴弹齐发，子弹像雨点般扫向敌阵。这股敌人遭此突如其来的伏击，一下子乱作一团，溃不成军，纷纷丢枪弃械，往回路逃窜。是役俘敌20多人，缴获驳壳枪1支、步枪10多支及弹药等物资一批。

不出所料，十四团将罗国璋部击溃之后，前来进犯加益的信宜、岑溪两路敌人吓得掉头就跑，罗定之敌也按兵不动，不敢进犯。十四团胜利开进加益圩，与十一团三营和岑溪太白队会师，受到当地群众的热烈欢迎。加益民众宰猪杀牛，犒劳部队，街道商店鸣放鞭炮，庆祝胜利。

加益伏击战的胜利，吓得罗国璋魂飞魄散，从此再也不敢窜扰游击区了。加益战斗的胜利，显示了人民武装力量的强大，展现了游击根据地的日益巩固。

此外，在罗定境内各游击区和东西两翼的边区游击根据地，还发生过多场大大小小的战斗。比如，1949年6月，陈开荣带领中区飞行队智取围底敌警察所，缴获长枪14支、短枪1支，活捉了敌警察所长。接着，中区区队和飞行队又与民兵配合，先后袭击了船步敌警察所和替感的敌小分队，赶走了替感驻敌。还有，云罗阳边区的苹塘战斗和罗郁岑边区的替滨战斗，都在人民武装主力部队、区队、民兵组织的配合下取得了战斗的胜利，给予敌人应有的惩罚。

在武装斗争中，也有过一些失误。例如，1949年5月初，西南区队率领罗镜、分界民兵群众1000多人，会同信宜十五团攻打信宜沙子圩，由于计划不周全，敌人有所警觉，破仓分粮的目的没有达到，游击队战士张国林还在战斗中牺牲了。1949年7月底，西北区队在云致遭敌偷袭，因敌众我寡，力量悬殊，飞行队员陈南昌、卢滨壮烈牺牲。1949年7月初，罗平交通站被敌人突袭，陈正安、陆家帮等七人被捕（后于10月才获释放）。这些失误，虽对人民武装造成一些损失，但对武装斗争全局没有造成多大影响。

经过上述战斗之后，全县各地反动势力土崩瓦解，游击根据地逐渐扩大，各级人民政权日益巩固。全县三分之二以上的乡村圩镇都为游击队所控制，国民党反动势力只得龟缩在县城及附近少数地方，再也不敢为所欲为了。

1949年6—9月，罗定的武装斗争进入了高潮时期。此时，罗定党组织的建设也有新的发展，在十四团各连队建立了党支部，加益地区和中区建立了党的中心支部，全县党员人数达108人。广大党员在战斗中发挥了先锋模范作用，成为武装斗争的中坚力量。在此期间，人民武装力量迅速扩大，人民政权日益巩固，人民群众觉悟大大提高，心向共产党、热爱子弟兵成为革命群众的自觉行动，为夺取解放战争的全面胜利和罗定人民的彻底解放打下了坚实的基础。

第五节

配合南下大军解放罗定

一、人民武装与敌周旋

1949年下半年，十四团在粤中纵队第四支队司令部的统一部署下，以罗定作为主战场，连续进行了十多场大大小小的战斗，粉碎了国民党反动派的多次"扫荡"，壮大了自己的队伍，开创了武装斗争的新局面。9月以后，国民党反动派为保障其退路安全，命令罗定反动武装占领交通要道和重要圩镇，把十四团和各区区队逼往山区，并到处搜捕共产党员及人民武装工作人员，全县各地笼罩着紧张而恐怖的气氛。

面对国民党反动派的垂死挣扎，中共罗定县工委带领人民武装力量与敌周旋，不断斗争。1949年9月初，范林、夏张帆率中区区队到达苹塘附近，与韦敬文率领的云罗阳边区武装队伍会合，相机向云开大山挺进，靠拢十四团主力部队。中区区队驻地离苹塘不远，当晚接到敌人已进入苹塘圩的情报，决定向新榕方向转移。由于黑夜行军，加上下雨路滑，行进速度慢，从苹塘马坑至围底山田村时，已是凌晨4点多，部队决定进山隐蔽做饭。饭后，天已大亮，在山上放哨的哨兵发出紧急敌情信号，敌人分两路从围底、苹塘包抄过来。部队立即登山占领制高点，准备迎击来犯之敌。当队伍到达靠近围底的一条山坑时，又有敌人向部队开炮，是云罗阳边区匪首练仁三带领的300多个匪兵从薖塘过来，配有迫击炮、重机枪等武器，与苹塘、围底之敌合力而形成三面包围之态势，部队处境十分险恶。在此紧急关头，范林、韦敬文果断做出立即突围的决定，由云罗阳边区的莫健如、黎日明带领部分战士，集中火力攻击练仁三部，由陈汉鼎、陈锦兴带领中区区队阻击围底、苹塘之敌。战斗从上午7时持续至下午5时，韦敬文率领的云罗阳边区武装与范林、陈锦兴、陈汉鼎率领的中区区队，采取交替掩护撤退的策略和战术，终于胜利突围，在金鸡方面100多名民兵的接应下顺利撤到金鸡。部队在金鸡休整三天后，韦敬文率部回云浮，中区区队往云开大山转移。

在敌人"扫荡"游击区，到处搜捕地方工作人员的情况下，人民军队与人民群众鱼水情深，得到革命群众的全力保护。有一天晚上，地方工作人员陆平、交通员张泰石在沙㙟牛颈村张呀家隐蔽，次日天刚亮，张呀之妻女从地里跑回家报信，说敌人即将进村搜查。陆平、张泰石来不及躲避，只得隐蔽在离屋不远的树丛里。敌人在张呀家翻箱倒柜，从早上搜到下午3时也一无所获，就威逼张呀交出人来。张呀镇定自若，从容对付，敌人不得不悻悻离去。天黑时，陆平、张泰石得以安全转移。中区唐屋乡㙟凹村李金海一家挺身而出，掩护游击队转移，遭国民党李傻芬部200多人围困，李金海光荣牺牲，其弟李兴球被捕，父母被打伤，家中财物被洗劫一空，李金海一家为革命事业做出了重大牺牲。在解放战争时期，这样的动人事迹在罗定游击区屡有发生，不胜枚举。

二、罗定升起第一面五星红旗

1949年9月下旬，中共罗定县工委闻悉中国人民政治协商会议第一届全体会议正在召开，中华人民共和国即将诞生，即动员全县各地军民掀起拥军爱民活动，并加强各区乡政权和民兵组织建设，准备迎接罗定的解放。

1949年10月1日，首都北京举行开国大典，毛泽东宣告中华人民共和国成立。在阅兵式上，朱德宣读中国人民解放军总部命令，要求全军指战员执行中央人民政府的一切命令，迅速肃清国民党反动军队的残余势力，解放一切尚未解放的国土。随后，中国人民解放军继续向中国西部、西南部、南部进军，追歼残敌，加快解放全国。

10月1日，粤中纵队第四支队司令部领导收到来自北京的喜讯："中华人民共和国中央人民政府已于本日成立了！"中国的历史从此进入了一个新时代。十四团战士在加益连夜赶制五星红旗，筹备举行庆祝活动。10月3日，在加益中学召开庆祝中华人民共和国成立大会，在罗定游击区内升起了第一面五星红旗。

1949年10月以后，谭启秀看到大势已去，末日很快就会来临，便把罗定的军政大权交由部下代管，由谭宝灿代任县长，由李冠伦、吴启沃担任保警总队正、副队长，其本人则借治病为由逃往广州，于1949年底在广州病死。

三、追歼残敌共庆解放

1949年10月上旬，中国人民解放军南下大军从粤北的南雄、韶关一带分两路进军南粤，10月14日解放广州，10月18日解放肇庆。10月下旬，在中国人民解放军强大兵力的追歼之下，叶肇、邓龙光率领的国民党二十三军分别从郁南、云浮经罗定向南路、广西逃窜。中国人民解放军第二野战军第十三军第三十九师，以穷追猛打之势直逼罗定。

10月27日，南下大军先头部队到达苹塘，恰逢云罗阳边区办事处陈云、郑文等领导商议攻打白石、连滩之敌的事宜，集中300多名民兵于苹塘，圩上红旗招展。先头部队看到红旗，又看到墙上写有迎接解放的大标语，知道是到了游击区，即与陈云等人取得联系。10月28日下午，大部队进入苹塘，该师政治部主任希望尽快见到四支负责人。陈云即派交通员报知四支政治部副主任周钊，周钊随即赶到围底与这位师政治部主任见面，并向南下大军介绍四支和三罗情况，直向罗城挺进。途中，师政治部主任告知周钊，该师任务是直插粤桂边区，不能在此久留，罗定县城要由三罗游击队来接收。

1949年10月28日晚上，国民党将领白崇禧率精锐部队从郁南窜到罗定，欲在县城过夜，因接到南下大军已从云浮过来的情报，只好立刻撤走。10月29日凌晨，解放军十三军三十九师在素龙击溃国民党广东十二专署保警第一总队总队长李傻芬残部，接着在罗城附近的潭井、谭屋岗一带追上白崇禧部殿后的二十三军后卫团，激战两个小时，将该团歼灭，并于罗定城郊活捉了国民党罗定县保警总队长李冠伦。此时，谭其球率领的原国民党罗定保安总队第一、二、三营共300多人，弃城向西南方向的石牛山逃窜，人民解放军十三军三十九师即派兵直抵罗平黄牛木堵截。谭其球见大势已去，遂率部放下武器，向解放军投诚。是日上午9时，南下大军胜利开进罗城，宣告罗定解放。

周钊随南下大军进城后，同大军人员一起组织临时接管小组，并向三罗地委报告了南下大军解放罗定的情况。在共产党员张灿钧、陈公朗、丘家骅的积极活动及随后赶到的夏张帆武工组、罗定解放同盟的共同努力下，罗城民众掀起迎接南下大军热潮，博爱医院还主动派出医务人员协助医治南下大军的伤病员，充分显现军民鱼水情深。

10月30日，李镇靖、唐章、谭丕桓相继率部赶到罗城，与南下大军会师。南下大军对地方部队极为关怀，将在罗定缴获的一批武器移交四支接收，随即又奔上征途，前往粤桂边区围歼残敌。10月31日，四支司令部也率部赶回郁南，迎接郁南解放。同日，罗定县工委和十四团负责人陈汉源、区映寰、伍伯坚、丘子平及潘焱荣等人也从罗镜赶到罗平，接收谭其球交出的武器，计有：八一炮3门、重机枪4挺、轻机枪15挺、步枪249支、手榴弹112枚、各种子弹2万余发，还有一大批其他武器。谭其球部排级以上军官40人经整训后再做处置，其余士兵经教育后遣散回家。

1949年11月1日，粤中四支十四团及属下区队指战员1000多人，浩浩荡荡地开进罗定县城，举行隆重的入城仪式。罗定县城的大街小巷锣鼓喧天，鞭炮齐鸣，成千上万群众涌上街头，迎接人民子弟兵，热烈庆祝罗定解放。

解放战争时期，在多年曲折、复杂、艰苦的斗争中，中共罗定党组织领导罗定人民，终于摧毁了国民党反动统治，解放了罗定全境。罗定县人民武装——中国人民解放军粤中纵队第四支队第十四团，在完成解放罗定的历史任务后，不少骨干分配在中共罗定县委会和罗定县人民政府工作，一部分指战员编入罗定县武装大队，大部分队伍由副团长丘子平率领，编入西江军分区主力部队。中共罗定县工委成立接收小组，带领党员干部接管国民党县政权，并陆续开展党政部门及各机关单位的接管工作，成立罗定县军事管制委员会，主任谭丕桓。新的罗定县人民政府在罗定县城成立，县长陈汉源。1949年12月，中共罗定县委员会成立，书记谭丕桓。自始，罗定大地换新天。在中共罗定县委和罗定县人民政府的领导下，罗定人民以新的战斗姿态，奔向保卫祖国和建设祖国的新征途。

第五章

中华人民共和国成立后的建设发展

第一节 **恢复发展时期**

一、建立巩固人民政权

1949年2月15日，罗定县人民政府在罗镜成立，县内各游击区也陆续建立区乡人民政权，全县分设中区、西南、西北三个区，称区人民行政委员会，下辖18个乡。1949年10月29日，罗定全县解放，县人民政府机关迁入罗定县城，在国民党县政府旧址办公，并根据工作的需要陆续设立下属行政办事机构。1978年底，共设置县人民政府办公室、县人事局、县计划委员会、县建设委员会、县民政局、县农业局、县水电局、县交通局、县财政局、县文化局、县教育局、县卫生局、县公安局等近30个行政机构。

1950—1954年，罗定实行各界人民代表会议制度，在中共罗定县委的统一领导下，由工会、农会、青年、妇女、工商团体等组织推选各方面代表人士参加会议。会议的基本议程是听取政府工作报告，对重要事项进行讨论，并作出相应决议，交由人民政府组织实施。这期间共开过五届各界人民代表会议。

1954年6月起，罗定实行县人民代表大会制度。人民代表大会的代表，乡镇两级的由选民直接选举产生，县级的由乡镇人民代表大会选举产生。各级人民代表具有广泛的代表性，各阶层代表均占一定的比例。到1978年，县人民代表大会共召开过五届。第六届原定在1966年底召开，并已在新乐公社搞了选举试点，后因开展"文化大革命"全县选举工作停止而未能举行。

罗定全县解放时，即废除民国时期的保甲制，建立区、乡政权，到1949年12月，全县划分为4个区23个乡，称为区、乡人民行政委员会。1950年1月，区、乡人民行政委员会改称区、乡人民政府。1953年3—4月，通过群众选举，正式产生区乡人民政府。1958年2月，撤销区建制，县直接管乡，全县设28个乡1个镇，改称乡（镇）人民委员会。1958年9月，撤销乡级建制，建立"政社合一"的人民公社，全县共建立10个人民公社，由社员代表选举产生公社管理委员会。到1978年底，全县共设立24个人民公社。

二、清剿残匪确保安宁

罗定解放初期，以叶肇为首的国民党军残部龟缩在云浮、罗定、阳春三县边境的西山地区，用电台与台湾联络，接受台湾国民党当局的补给，与当地的土匪勾结在一起，经常出没于罗定的船步、苹塘，阳春的圭岗、河塱，信宜的思贺、木瓜，云浮的富林、莲塘一带，强抢粮食，逼民为匪，发动反革命暴乱。1950年2月13日，一股匪徒袭击船步公安干部和征粮工作队。28日，船步西山匪首练仁三、吴汉豪纠集土匪50余人，窜至信宜寨岗抢劫粮仓，抢走稻谷数千千克。1950年3月5日，藏匿在泗纶南山的原泗水中学校长、国民党党员李次鸿，以都门南山为据点，拼凑"广州绥靖公署西江指挥所第三路军独立第五旅"，自任旅长，率匪徒400多人抢劫扶合粮仓，抢走稻谷一万余千克，杀害横岗派出所所长，绑架湘洞征粮队三名队员。与此同时，原国民党军副团长沈利庭以泗纶替章为据点，拼凑"广州绥靖公署西江指挥所新五师第四团"，自任为团长，纠合匪徒400多人。李、沈两部纠合惯匪于3月8日发动反革命暴乱，攻打泗纶区人民政府。

当时驻罗定的解放军一二二师参谋长和西江军分区副司令员兼新十四团团长李镇靖，在县公安机关的配合下，指挥一二二师之一部、新十四团、罗定县大队以及罗定各区的武装民兵，开赴西山清剿。

1950年2月19日，新十四团兵分两路：教导员戴卫民率一营从太平插入信宜的思贺、木瓜一带；另两营由副团长张家云率领，从太平山口进入信宜县的寨岗；一二二师部队亦兵分几路插入西山地区，形成环形包围圈。西山匪徒闻风而逃，上山躲藏。剿匪部队用"梳头捉虱"的清剿方法，先后活捉匪首温灿、温耀西、陈少达和陈仲达兄弟；匪首严博球自杀丧命，匪首黎庶希部龟缩在苹塘马鞍山。清剿部队围攻两天两夜，迫使黎庶希部投降，缴获其轻机枪2挺，步枪72支。

1950年2月28日，匪首练仁三、吴汉豪率匪50余人，抢劫信宜寨岗粮仓后龟缩西山。3月3日，公安干部协同驻防军入山进剿，当晚便将匪徒打散。3月12日，苹塘民兵干部王少英、谭庆标率100名民兵围山搜索，并报知驻军十三团联合进剿，俘获温亚炳等3名土匪。

5月26日，匪首何瑞生父子窜到罗定与阳春县交界的苹塘、罗阳圩附近活动，解放军驻军十三团工兵营，联合地方部队及民兵近500人，直捣何瑞生老巢黄泥塘村，经激烈战斗，生擒何瑞生，击毙其兄何灿三，余匪逃散。后来，剿匪部队侦知匪首练仁三藏身石山，乃出动部队与民兵联合搜捕，终于在木棉寨的石洞中将其擒获。

至1951年10月，全县共歼灭了国民党军残部和大、小股土匪15股，击毙62人，俘获2300余人，降匪3100余人。其中，俘获"连级"以上匪首120人；缴获轻机枪18挺、步枪4000多支、手枪352支、子弹13万余发、电台1部。另外，缴获地主、恶霸窝藏的枪支31000余支，子弹11万余发。至此，县内国民党军残部和土匪被彻底铲除。

三、土地改革耕者有田

1949年底，县人民政府根据中南军政委员会和广东省人民政府的指示，颁布了减租减息条例，随即在全县范围开展了减租减息、退批退押的群众运动。

1950年3月，县第一届各界人民代表会议通过了减租及退"批头"的决议，规定地主收取田租，不得超过总产量的37.5%。原收的"批头"分期退还给佃农。近五年收取佃户的"田信鸡""田信米"等如数退回。至1950年3月底退租退批基本结束时统计，全县农民从减租中收回稻谷225万千克，收回"批头谷"50万千克。

1951年初，罗定县土地改革委员会成立，由县委、县人民政府直接领导。土地改革委员会成立后，即着手进行土地改革的准备工作。1952年2月，在一区水摆乡进行土改试点。3月，全县组织土改工作队468人，在第四、五区20个乡共6万多人口的地区进行第一批土改，至同年12月12日结束。1953年1月6日，第二批134个乡的土改全面铺开，参加工作队的有省直机关干部、南下干部、罗定县干部，还有南方大学、文艺学院、西江干校的师生以及云浮、郁南的"帮翻队"共1017人。至4月5日，全县土改工作基本结束。从4月25日开始，进行土改复查工作，历时70天，至7月5日完成。1953年9月10日，发放土地证，至10月20日土地证全部发到农民手中，土地改革结束。

罗定的土地改革，大体分两步走：第一步，宣传发动，组织以贫农、雇农为主体的阶级队伍，开展清匪反霸、退租退押的斗争，打击封建地主阶级的破坏活动。第二步，划分阶级成分，分配土地、房屋、耕牛、农具和粮食等。

全县参加土地改革共93493户，划分阶级成分的结果：地主3736户，占总户数的4%；富农1604户，占总户数的1.7%；中农25845户，占总户数的27.6%；贫农52920户，占总户数的56.7%；雇农5136户，占总户数的5.5%；其他4226户，占总户数的4.5%。

减租减息和土地改革有力地打击了剥削阶级的气焰，贫、雇农和一部分中农在经济上得到初步翻身，解放了农村生产力，促进了农业生产的恢复和发展。

四、从互助合作到人民公社

经过土地改革，农民分得了土地，免除了地租和高利贷剥削，生活水平有了较大提高，生产热情空前高涨。但单家独户经营农业生产，资金缺乏，劳力不足，抗灾力量单薄，也不利于农田基本建设。土改结束后，县委随即引导全县农民组织互助组，走互助合作、共同富裕的道路。互助组分季节性和长年互助两种，均实行"自愿互利、进出自由、等价交换、民主管理"的原则，组员在劳力、耕牛和农具等方面都互助支援，开工记分，每月结账，收获结算，多退少补。到1954年底，互助组发展到8969个，参加农户占全县农户的40%左右。互助组的建立，发挥了集体劳动的优势，在赶季节耕作、抗灾和兴修水利等方面都显示了较大的优越性。据1953年统计，全县农业总产值5814万元，比1949年增加43.9%，年平均递增9.5%。

互助组虽比单家独户的耕作方式优越性大，但毕竟规模还是较小，具有较大的局限性，尤其在兴修水利等农田基本建设方面。因此，县委又从1954年开始，引导农民组建比互助组更进一步的农业生产合作社。2月25日，全县第一个初级农业生产合作社（以下简称初级社）在太西乡建立。初级社遵循自愿互利、入社自愿、退社自由的办社原则，实行土地、耕牛和大农具入股，集体经营，以按劳分配为主，兼顾土地、耕牛和农具分红的分配制度。初步改变了土地私有个体经营的所有制形式，属于半社会主义性质的集体经济，同当时的生产力水平和农民的觉悟程度基本适应，因而促进了农村经济的发展。据1956年1月统计，全县共建立初级社1605个，入社农户84277户，占全县农户的84.7%。

1956年1月，县委在一区镜西乡建立了全县第一个有155户农户入社的高级农业生产合作社（以下简称高级社），并于同月派出工作组相继组建了太西、山田、寨坪、船东、铁六、周沙和莲塘等8个高级社。9月30日，县委召开了有1700多人参加的四级干部会议，号召加快建社步伐，在11月中旬全县基本实现高级农业合作化。到当年年底，全县建立高级社877个，入社农户106167户，占全县农户的90%左右。高级社是社会主义性质的集体经济组织，土地、耕牛和大农具等生产资料归全社集体所有，实行统一经营，分级管理，评工记分和按劳分配的制度。由于土地、劳力集中使用，经济实力比较雄厚，对发展农业生产，特别是在兴修水利，进行农田基本建设过程中显示了巨大的优越性。1957年，县委动员了约占全县三分之一的区乡，动工兴建灌溉面积约30.6平方千米的引太工程。到1957年底，全县共建成小型蓄水引水工程490多宗，灌溉面积达到179.3平方千米，是1952年的一倍，当年农业总产值达到6325万元，比1952年增加了17.4%。

1958年初，在"大跃进"运动的推动下，全县掀起了以兴修水利为中心的农田基本建设高潮。但在发展农业的指导思想上，极左思潮也开始形成和发展，认为高级社的所有制形式已不适应农村生产力高速发展的形势，集体所有制的高级社自主权逐步被否定。1958年9月9日，罗定由罗平、沙琅2个大乡6个高级社9422

户农户组成的第一个人民公社——东风人民公社宣告成立。随即，仅十多天时间，全县就成立了10个人民公社，入社农户占全县农户的99%。人民公社实行政社合一，工、农、商、学、兵五位一体，统一领导，统一计划，统一核算，统一分配，仿照军队建制组织劳动力的体制。同时集中农民办集体食堂，取消家庭副业，关闭农贸市场。

人民公社的建立，对当时兴修水利和较大规模的农田基本建设，曾显示过一定的优势。但从总体上看，这种所有制形式，超越了当时的生产力水平，否定了价值规律和按劳分配的原则，违背了客观经济规律，因而挫伤了农民的生产积极性，使农业生产受到严重的破坏。1959年4月，县委根据中央指示，制定了划小社队规模、改公社统一核算为生产大队核算、恢复社员自留地和家庭副业、口粮分配到户等10项措施，对人民公社进行了整顿，改变了一些"左"的政策和做法，受到农民的欢迎，形势略有好转。1961年3月，全县开始贯彻中共中央《农村人民公社工作条例（草案）》（即"农业六十条"），再次划小社队规模，全县划分为26个公社，经营管理上采取生产大队对生产队实行土地、劳力、耕牛、农具"四固定"和"三包一奖"（包工、包产、包成本、超产奖励）的制度，生产队对社员实行定额管理、按件计工、按劳分配的制度。1962年，又确定人民公社实行公社、大队、生产队三级所有，以生产队为基本核算单位的体制。同时鼓励社员发展家庭副业，开放集市贸易。这些措施，调动了农村干部和群众的积极性，使农业生产得到恢复和发展。1965年，全县农业总产值比1962年增加了38.1%。"文化大革命"开始后，农业生产的发展又受到极左思潮的很大干扰，农民群众虽然艰苦奋斗，努力拼搏，但农村经济仍停滞不前。

五、"引蓄提电"除旱患

罗定为粤西少雨之地，春秋旱患频繁。境内河流虽多，但地势不平，田高水低，难以利用，故有"十年九旱"之称。罗定解放后，县委、县政府把兴修水利，消灭旱患，发展农业生产，改善人民生活作为长期的战略任务。中华人民共和国成立伊始，就派出技术人员，拨出资金，帮助农民兴建花钱少、见效快的小型水利设施。1950年春，全县八成稻田不能按时插秧，约106平方千米稻田受旱成灾，旱死禾苗50平方千米。是年冬天，即兴建了该县第一座小（二）型水库——罗平牛路迳水库。1955年建成第一座小（一）型水库——罗平大石塘水库。到1956年，已建成引、蓄水工程500多宗，大大提高了抗旱能力。但在农业合作化以前，土地私有，农民单干，力量单薄，兴建大型水利工程受到多方制约，旱患难以彻底消除。实现了农业合作化后，土地归集体所有，人多力量大，原来不敢想象的跨区跨社的大型水利工程得以陆续兴办。从1956年开始，县委、县政府依靠农民组织起来的巨大力量，发扬自力更生、艰苦奋斗的革命精神，不避寒暑，夜以继日，靠手锄肩挑，掀起了规模空前的、以兴建江河引水工程为骨干、引蓄水相结合的水利建设新高潮。施工高峰期，每天上阵民工多达十万之众。到1962年，已先后建成了引太、引泗、引沙、引镜、引瓶和引连等六大引水骨干工程和一批小型引水蓄水工程，形成了"引蓄结合，长藤结瓜"式的水利灌溉网，有效灌溉面积达32万亩。1963年，罗定县发生了大旱，但全年粮食总产量仍达到前一年的99.4%，人民安居乐业。20世纪60年代中期，全县进入了以兴建中小型骨干水库，大办小水电，建设水轮泵站电灌站为主要内容的水利建设新阶段。1964年，动工兴建第一座中型水库——山垌水库，1971年动工兴建湘垌水库，1975

年动工兴建金银河水库，1976年动工兴建罗光水库。到1978年，全县已建成中型水库2宗，保有量小（一）型水库（蓄水量100万立方米以上，1000万立方米以下）23宗，小（二）型水库（蓄水量10万立方米以上，100万立方米以下）66宗，塘库保有量1485宗，塘库蓄水总库容12980万立方米。1956年动工兴建引榃工程（因当时榃滨属郁南县管辖，故该工程由郁南县兴建，1957年冬建成，1961年榃滨划归罗定县后该工程交给罗定管理），1957年动工兴建引太工程，1958年动工兴建引泗工程、引镜工程、引沙工程，1962年动工兴建引连工程。到1978年，全县引水工程保有量1540宗、引水流量48.6立方米每秒。灌溉机械保有量444台，容量7032千瓦。电灌机械保有量806台，容量7512千瓦。水轮泵保有量311处473台，组成了"引、蓄、提、电"四结合的水利灌溉网，全县有效灌溉面积已达324平方千米，比1949年的73.73平方千米增加了250.27平方千米。

1976年11月动工兴建的引太灌金干渠中的长岗坡渡槽，被人们誉为"广东的红旗渠"，中国最长的"人工天河"。长岗坡渡槽全工程包括渡槽前端的牛路迳涵洞、牛路迳高岗渠段、平洞石拱渡槽、石渠和渡槽终端的花麓坑渠段、花麓坑隧洞，库尾段砌石拱涵及砌石渠，总长10.5千米，合计完成土方45.71万立方米，石方22.81万立方米，浆砌石4.36万立方米，混凝土5.47万立方米。其中的长岗坡渡槽是引太灌金干渠中的大型建筑物，渡槽全长5200米，其中钢筋砼槽长3450米，砌石拱槽长1750米，槽宽6米，高2.2米。两边设有人行道。渡槽为连拱结构，共132跨，拱的最大跨度51米，最大高度37米，过水流量25立方米每秒。经水利部珠江水利委员会技术咨询中心鉴定，在1980年以前国内建成的钢筋混凝土肋拱渡槽中，长岗坡渡槽的长度为国内第一。该工程于1981年1月建成通水后，与金银河水库连在一起，大大提升了引太、引镜、引泗、引沙、引连、引槽六大引水工程的效益，增加水田灌溉面积约54平方千米，保障了54万多居民的生活用水。新疆、四川、安徽、福建等18个省、自治区、地级市的代表，港澳同胞和尼泊尔、孟加拉、越南、老挝等邻近国家的代表团曾先后来学习考察。面对渡槽，外宾都竖起大拇指啧啧称赞："中国人真有本领！"

　　长岗坡渡槽坐落在革命老区镇罗平镇的辖区内，沿途要占用不少土地，甚至要拆掉一些房屋。可当村民们明白了建设长岗坡渡槽对解决罗定旱患和保障54万多居民的生活用水的重要性和必要性时，却没有丝毫怨言。他们说，革命前辈为我们打江山，流血牺牲都不怕，我们有什么理由为了个人利益斤斤计较呢？双莲大队覃炳基的房屋，刚好就在规划建设的渡槽底下，当大队干部找到他时，他马上答应了，第二天就开始拆屋。双莲村的莫金，丈夫长期出外打工，自己在家单独抚养4个小孩。生产队安排她到工地担泥，她把两岁的小儿子背到工地，让他在工地旁边玩耍，自己便干开了。1979年10月31日上午，渡槽出口端的花鹿坑山塘土坝意外塌方，莫金与其他5名民工不幸被埋，光荣牺牲。莫金的丈夫陈锦柱闻讯赶回家中，处理好妻子的后事之后，又背着儿子投身到长岗坡渡槽建设队伍中去。

六、国营集体工业共同发展

　　中华人民共和国成立前，罗定的工业、手工业均为私人所有。1950年，罗定县人民政府依法没收了官僚资本开办的大冶铁厂，成为县内的首家国营工业企业。此后，国营工业企业稳步发展。到1952年底，有铸镬、矿产、松香、火柴、印刷、粮食加工等6家国营工厂。当年工业总产值59万元，占全县工业总产值的11.1%。1953—1956年，粮食局开办10家粮食加工厂，供销社开办农具、造纸、铸镬、食品等4家工厂。1956年创办地方国营罗定糖厂。当年工业产值548万元，占全县工业总产值的43.3%。1958年，突击建成3家钢铁厂和20家农机、化工、建材工厂，但因技术力量不足、材料缺乏、产品滞销等原因，到1962年只保留了18家。1962年全县工业产值由1952年的59万元增加到735万元。1970—1976年，又先后建成了8家新的国营工厂。1978年，全县国营工业总产值由1962年的735万元增加到5078万元。

从1953年开始，全县开始对私营工业和个体手工业进行社会主义改造。1953年5月11日，在五金行业成立了名为"罗定县五金生产合作社"的全县第一家生产合作组织。1956年，全县实现了手工业生产合作化，共建立手工业生产合作社和合作小组46个，社员近3000人。当年县属集体企业工业产值8万元，是1949年的2.22倍。社会主义改造的完成，有力地促进了全县手工业生产的发展。1958年，全县有县属集体企业工厂123家，职工8600多人。此后，县属集体企业得到了进一步的发展，特别是在技术改造、开拓新产品方面，取得了更为明显的成效。到1976年，县属集体企业工业总产值达到950万元，比1966年增长55.2%。

在县属集体企业快速发展的同时，乡镇集体企业也随着1958年人民公社的成立而得到了较大的发展。各公社、部分大队先后办起了农机修造、农副产品加工、砖瓦、编织和土化肥等工厂，壮大了公社集体经济，1958年实现产值307万元，占全县工业总产值的13%。20世纪70年代开始，各公社按照县人民政府的要求，着重发展农机修造、农副产品加工、短途运输、小水电等支农企业。到1978年，农村公社和大队的集体企业发展到919家，从业人员12100多人，工业产值由1962年的219万元增加到2502万元。

七、文化教育卫生事业欣欣向荣

从春秋至明清的两千多年间，汉族和百粤、瑶、壮等民族人民共同在罗定这块土地上繁衍生息，在改造自然和改造社会的长期斗争中，留下了许多有价值的史迹，创造了大量具有多民族特色的历史文化。然而，由于历史、社会、经济等方面的原因，大多数人民群众的文化体育娱乐生活还是相当贫乏。1950年，全县仅有1座剧场，1座文化馆，1间新华书店，2间经营书刊、杂志、报纸的店铺，1座体育运动场。全年书刊、杂志、报纸的销售额只有0.5万元。从1951年初开始，县委、县人民政府不断拓展渠道，加大对文化体育事业的投入，加强和完善文化事业的基本设施建设，以满足广大人民群众特别是农民群众不断增长的文化娱乐需求。到1978年底，全县已有3座电影院和59个电影放映队，电影观众人数达1370万人次。有剧团、杂技团各1个，剧场23座，文化室200个，图书馆1座，图书室3个，新华书店3间，62间经营书刊、杂志、报纸的店铺，全年书刊、杂志、报纸的销售额47.5万元。各公社均建立了体育领导小组和广播站，已通广播的居委会和生产大队由1965年的80个增加到309个，有线广播喇叭则从1957年的620个增加到126779个。

罗定人素来懂得知识对于谋生的重要性，总是千方百计送自己的子女去读书。然而，由于经济落后，人民生活贫困，占全县人口大多数的贫苦农民子弟难以得到上学读书的机会。解放后，县人民政府十分重视罗定教育事业的发展。1949年底，县人民政府陆续接管全县小学。1952年，全县457所小学改为公办。1954年，整顿和改进小学教育，将部分初级小学升级为完全小学。1958年，贯彻"公办、民办并举"的"两条腿走路"的办学方针，镇、公社、大队办的小学由1957年的2所骤增至322所。

1964年，实施全日制和半工半读两种教育制度，全县办起耕读小学390所。1965年秋，耕读小学发展到560所。是年，全县适龄儿童的入学率也提高到91.35%。从1973年开始，把普及小学教育当作一项大政来抓：调整初中，控制高中；部分大队小学附设的初中班，不招生或隔年招生，以腾出师资充实小学；小学本身则采取单式班并为复式班或邻校同级并班等办法，以充实班额，多招新生；办半日制或耕读班、早午晚读书组等，扩大招生额，提倡集体办学。1978年，全县有小学652所，在校学生120736人，比1949年增加93995人。

1949年11月，县人民政府先后接管了2所公立中学和9所私立中学。1953年9月，县内私立中学全部改为公办，学校教职员工纳入国家编制，经费由政府统筹安排，按国家规定的教育方针及政策办学。1954年开始，贯彻"整顿巩固、重点发展、提高质量、稳步前进"的方针，逐步扩大中学的教师队伍，提高中学的教育质量。1958年9月，罗城镇建起1间初级中学。1958年底，全县由镇、公社、大队办起的初级中学和半耕半读学校115所。1977年，揭批"四人帮"盲目发展中学教育，导致中、小学比例严重失调，教育质量显著下降的罪行，肃清其流毒和影响，恢复正常的教学秩序。1978年，全县有普通高中学校4所，学生8143人；普通初中学校26所，学生38148人。此外，还有中等师范学校1所，学生180人；教师进修学校1所，学生80人；农工职业学校7所，学生1186人。

在办好中小学教育的同时，县人民政府还大力在全县开展业余教育和重点放在农村的扫盲教育。1950—1951年，全县农村掀起办冬学的热潮，利用冬闲时间学习政治、文化。1955年11月，全县共有民众夜校286所，其中农业社办的103所。1956年初，扫盲班学员猛增到68000多人。1957年3月，全县组建知青扫盲工作队77个，扫盲协会70个。至此，扫盲工作在全县普遍开展。1960

年，县文教局组建了扫盲队，专管全县的扫盲工作。1964年，举办全县业余教师骨干培训班，培训教师254人。办起夜校275所。1974年办起红夜校309所。到1978年底，全县青壮年中非文盲316152人，占同龄人总数的95.5%；基本无文盲大队308个，占大队总数的98.8%，符合脱盲标准。1979年1月，肇庆地区教育处代表省人民政府宣布，罗定为基本无文盲县。

中华人民共和国成立前夕，罗定的卫生事业十分落后，40多万人口的大县里，中、西医师不足100人，病床只有100余张，广大农村缺医少药。中华人民共和国成立后，县委和县人民政府遵照中央制定的"面向工农兵""预防为主""团结中西医""卫生工作与群众运动相结合"的卫生工作四大原则，大力发展医疗卫生事业。在逐步改善原有医院的同时，积极培训农村卫生人员，建设农村医疗卫生网。到1958年，各公社均建立了有门诊、留医、留产设备的卫生院。1965年，根据党中央关于把医疗卫生工作的重点放到农村去的指示，加速农村医疗卫生网建设，先后培训乡村医生900多人。至20世纪70年代中期，生产大队全部办起了合作医疗站，从而形成了县、公社（区）、生产大队（乡）三级医疗卫生网。至1978年底，全县医院数已由1950年的4所增加到28所，医院病人床位数由1950年的162张增加到969张，卫生技术人员由1950年的22人增加到975人，其中中医师由1950年的0人增加到210人，西医师由1950年的4人增加到155人，卫生事业经费则由1957年的14.8万元增加到86万元。

八、因地制宜开发水电

罗定河流溪涧较多，落差大，水能理论蕴藏量8.9万千瓦，可开发量6.27万千瓦。1960年5月，全县建成第一座民办小水电站——素龙大观塘水电站，并由此揭开了罗定大办小水电的序幕。1960年5月31日，中共罗定县委发出大办水电站的号召。1963年，主要给县城供电的罗定第一座县办水电站——罗溪水电站建成，装机2台共260千瓦。1962年，县内公社办的第一座超100千瓦的罗镜公社水摆综合厂水电站建成，装机1台125千瓦。到1965年，全县建成小水电站30宗，总装机容量999千瓦。1966年，结合兴建江河水轮泵站，着重兴建装机容量100千瓦以上的水电站。1972年3月，当时罗定最大的水力发电站——青桐电站3台机组（总容量4800千瓦）全部安装完毕并投入运行。1972年9月，罗定历史上第一座水库蓄水发电站——山垌水库一、二级电站5台机组（总容量2140千瓦）投入运行。到1978年，全县的水电投放资金已达372.5万元，其中国家投资274.7万元，省、地、县自筹97.8万元，完成土方249.3万立方米、石方37.3万立方米、砼方5.1万立方米，建成水电站286宗，装机容量17544千瓦，年发电量达3630.9万千瓦时。架设高压输电线路839千米，全县23个乡镇已全部通电，309个村中有265个村通电。

九、交通邮电面貌一新

罗定西部、西北部和南部的一部分为云开大山山地，东部为云雾山山地，中部、东北部和南部一部分为盆地丘陵地带。全境形似东、西、南三面为边围，向东北开口的箕状盆地，山地和丘陵面积均各占全境总面积的40%以上。中华人民共和国成立前，罗定的对外交通以罗定江水运为主，县内来往除沿江乡镇可乘小舟外，多靠步行。民国十一年（1922），罗定开始修筑公路。到1949年，罗定仅有42.5千米能通汽车的沙土公路，有2辆载客汽车和3辆载货汽车。

中华人民共和国成立后，罗定县人民政府立即组织各方面力量大举修筑公路。1950年1月，修复了广海北线罗定段（旧线）

61.2千米，为解放军挺进大西南开辟了通道。至1954年底，建成广海北线罗定段新线。至1957年底，建成黄牛木至罗阳圩和罗城至橘滨公路。至1957年底，全县公路通车里程已达207.2千米。1958年开始，利用公社化后人力、物力易于调集的有利条件，以民办公助的办法，大筑山区公路。1973年，实现了社社通客车，70%的生产大队通货车。1978年，全县公路通车里程已达609.7千米，比1949年增加了567.2千米，其中184千米还是柏油路，形成了县社相连、社社通车，并与毗邻各县公路连接的公路运输网。有30辆客车，比1949年增加了28辆；173辆货车，比1949年增加了170辆，还有22辆特种和其他专用汽车，898辆轮胎式拖拉机，727辆手扶拖拉机，38台三轮摩托车，112台两轮摩托车。在公路建设迅速发展的同时，罗定还花大力气搞好公路养护，养路工人坚持勤回沙、勤修补、勤备料、勤清理路肩和排水系统，确保公路晴雨畅通。从20世纪50年代开始，集中力量对新修筑的沙土公路进行技术改造。1956年，公路工区工人创造了既可提高养路质量，又可降低养护成本的"水中筛沙"方法，常年在河中筛取直径为2～8毫米的"标准沙"用作公路保护层，使公路常年保持晴天少扬尘，雨天不积水，路面坚实平整，无露石，路肩平实无草，路容整洁美观，桥涵接头平顺，高速通过不跳车，标志鲜明，绿化好，被誉为"金沙铺成的坦途"。到1962年，全县已有179.6千米沙土公路全面进行了技术改造，先后对牛贵、素乐、罗南、扶上、泗都、冲莲和合加等十多条公路进行改线、加固。1963年，全县公路完好率达99.3%，被广东省交通厅命名为"罗定式公路"。1964年，罗定公路工区被国务院授予"全国养路标兵"称号。从20世纪70年代开始，贯彻交通部提出的"全面养护、加强管理、统一规划、积极改善"的十六字方针，公路的建设和养护又取得了较大的成绩。到1978年底，已先后对官新、罗屏、金荫和素太等线路进行了改善，铺筑了有承重层、磨耗层、保护层的路面64千米，加宽路基53.9千米，进行线形改造84千米，改弯降坡45.9千米，把广海北线、牛贵线等10条189千米路段铺筑了沥青路面，公路技术标准从原来的4—5级提高到2—3级，行车时速由原来的30—40千米提高到60—70千米。

1949年，全县邮电线路总长只有620千米，除罗城至南江口一线可委托汽车、电船转运外，其余邮路均以步行传邮；电信线路总长只有城区的2.4千米，电话交换机总容量30门，电话装机12户12部，其中城区与农村均各为6户6部。中华人民共和国成立后，罗定在县城设邮政局，统一经营全县邮政、电信业务，邮电事业不断发展。1952年，开办罗定至高要县汽车邮路155千米，罗定至罗镜自行车班，泗纶至河坝铺、罗定至连州街、罗定至大榄、罗定至黎少、罗定至筋竹步班7条邮路。1958年，邮路伸延至农村生产大队和部分村庄，总长达4356千米，其中委办汽车邮路357千米，自行车邮路435千米。20世纪60年代开始全县统一规划，打破行政区域界限，合理调整邮路和投递点，到1974年邮路缩短为3129千米。1978年，经再次合理调整后邮路缩短为2605千米，全县23个公社309个大队常年保持通邮。电信业务的发展也较快。1950年，电报去报份数为4266份。1977年，县计划委员会购置了县内第一部传真电报机，但只为党政军机关服务。1978年使用国产55型电传打字机在幻线电路上通报后，去报份数增至数万份。1978年，全县23个公社均设置了邮电支局，电信线路总长度达2263对千米，电话交换机总容量2170门，电话装机户数1665户，装机1687部。其中农村的电话装机户数由1949年的6户增加到1242户，电话装机部数则由1949年的6部增加到1248部。邮电业务总量（90价）由1949年的4.1万元增加到138.6万元，邮电业务总收入由1949年的3.1万元增加到48.6万元。

加快发展时期

一、拨乱反正社会稳定

粉碎"四人帮"后，县委、县人民政府在上级党委的领导下，开始纠正"文革"中的错误。1978年，县委组织干部职工开展关于真理标准问题的讨论，把林彪、"四人帮"一伙颠倒、歪曲、篡改的理论、方针、政策纠正过来，从而逐步恢复和发扬实事求是，一切从实际出发，理论联系实际的思想路线，为平反冤假错案，落实党的各项政策，实现全县工作重点的转移，打下了坚实的思想基础。1979年2月12日，县委召开三级干部会议，传达贯彻中共十一届三中全会精神。会后，县委迅速组织力量，深入调查研究，首先平反"文革"时期制造的大批冤假错案，进而对历次政治运动的案件进行全面复查，凡处理错误的均给予纠正。被错划为"右派分子""地方主义分子"的300多人全部给予改正，恢复名誉；在"文革"中受审查的1000多名干部中，有450多名要做结论的，全部做出适当的结论，使他们放下包袱；在"清理阶级队伍""一打三反""两退一插""战备疏散"过程中被处理回乡的1000多人，给予复职和办理退休；在"文革"中非正常死亡的170多人，分情况做好善后工作；对"文革"前历次政治运动遗留的900多件冤、假、错案给予平反；对干部、知识分子和职工档案中的诬陷不实之词进行全面清理。此外，干部政策、知识分子政策、统一战线政策、华侨政策等都得到进一步落实。与此同时，对"文革"中的打、砸、抢分子和严重违法乱纪的人也给予严肃处理。全县上下恢复了安定团结的政治局面。

二、联产承包解放生产力

党的十一届三中全会后，全县农村工作逐步纠正了过去"左"的做法，经过多年的试验比较，推行了家庭联产承包责任制。

1979年，全县主要推行生产队对作业组"三包一奖"和"五定一奖"的联产计酬责任制。至1979年5月，全县5225个生产队中，有3039个生产队实行"三包一奖"，占总数的58.2%；有1699个队实行"五定一奖"，占总数的32.5%。其中一部分生产队实际上变成以作业组为核算单位，个别地方开始出现包产到户。但当时一些领导认为，以生产队为基本核算单位的体制，基本适合当时的生产力水平，不宜再分队，更不能包产到户，以免滑向单干，走资本主义的老路。随后，县曾多次发文，召开党员、干部会议和派工作组下乡，力图劝导制止分队和包产到户的做法，但收效甚微。1981年4月，县委召开公社党委书记会议，组织与会干部到较早实行包产到户的高州、化州等地参观考察，逐步认识到包产到户或包干到户这种形式，适合当前农村生产力水平和农民的觉悟程度，有利于克服管理的过于集中和分配上的平均主义。于是做出决定，允许农民选择包产到户或包干到户的联产承包责任制。至1982年，全县水稻生产基本上推行了包干到户的家庭联产承包责任制。同时，对林业、畜牧业和渔业也推行了联产承包责任制。从1984年冬开始，按照中央的指示，罗定对农民承包的土地进行了小调整，并把承包期延长到15年以上，由县人民政府发给土地使用证。通过土地小调整，加强了合同管理，实行土地有偿使用，理顺了承包关系，完善了家庭联产承包责任制。

1995年，市委、市人民政府认真组织经管干部，学习国务院批转农业部关于稳定和完善土地承包关系意见的通知精神，广泛进行宣传，组织各镇开展专项调查。1996年，市委、市人民政府发出《关于抓好延长土地承包期工作的意见》，开展延长农村土地承包期30年不变的工作。1997年，先后以农委、市府办的名义发文，指导全市做好延长土地承包期工作。为加强对承包合同的管理，市人民政府统一印制21万多个"责任田承包使用证"给各镇、区，由经济社以合同形式与农户签订延长土地承包期合同（即使用证），并造册登记存档备查。延长农村土地承包期工作分三种形式：原承包责任田在1990年前通过小调整后基本合理，群众基本满意的，尽量保持原承包办法不变，直接延长土地承包期；因人口增减、耕地被征用等原因造成承包土地严重不均，群众意见较大的，经群众民主议定，作适当调整后再延长土地承包期；农户的"资格人口"变动不大，群众又愿意实行"增人不增地，减人不减地"的，通过调整各项上交任务后再作延长土地承包期。到1999年6月底止，全市延长土地承包期工作已基本完成，23个农村镇，310个村委（居委）会，5512个经济社，共签订鉴证责任田承包合同（发放责任田承包使用证）196955份，占应签订（发证）农户总数的97%。已完成登记造册村委会307个，占应登记造册村委（居委）会总数的98%。到2001年10月，全市23个农村镇，310个村委（居委）会，5502个经济社，都已完成延长农村土地承包期工作，责任田面积约241平方千米，签订责任田承包合同（责任田承包使用证）20.19万份，占全市农业总户数的99.5%。

家庭联产承包责任制的稳定和完善，特别是承包期的延长，充分确保了农民对集体土地所享有的承包经营权和收益权，调动了广大农民的生产积极性，促进了农业的快速发展。农民在不放松粮食生产的前提下，不断调整产业结构，利用闲散地、低产田、山地、荒地大力发展种植业和养殖业，先后建立了水果、松脂、玉桂、竹子、茶叶等农林土特产商品基地和三黄鸡、田鸭、青蛙、塘鱼等养殖基地，极大地提高了农业生产的贡献率。到2011年，农业总产值由1978年的15024万元增加到474547万元，稻谷年亩产由1978年的437千克增加到856千克，农民人均纯收入由1978年的95元增加到8018元。

家庭联产承包责任制的推行，不但调动了广大农民的生产积极性，促进了农业的快速发展，还把众多的农村劳动力从土地里解放出来，转化成为发展农村经济、改变农村落后面貌的宝贵资源。县委、县人民政府清醒地认识到了这一点，及时地、主动地组织他们走出家门，到县内外从事建筑业、工副业，经营商业、运输业。据统计，这些人超过10万人，约占农村劳动力的三分之一。他们既为祖国各地的经济发展付出了艰辛的努力，又源源不断地把资金送回家乡，为发展农村经济打下了坚实的物质基础。更难能可贵的是，他们当中的相当一部分人还掌握了一定的技术才能和大量的市场经济信息，成为发展农村经济的中坚力量。

三、体制改革工业提速

改革开放前，罗定的工业已有一定基础，工业产值在当时肇庆地区各县（市）中名列前茅。改革开放后，罗定加大了对工业的投入，先后新办了缫丝厂、麻纺厂、苎麻厂等一批国有企业和分界玻璃马赛克厂、罗城镇祥发弹力针织厂等一批乡镇企业。扩建了屏风山水泥厂、船用机械厂、无线电厂等一批全民所有制企业。互益染厂有限公司、罗德时装公司等一批"三资"企业陆续落户罗定。在国有和集体企业中，大抓挖潜改造，推行"三四三"管理办法，注重引进高新技术，初步形成了机电、纺织、服装、化工、建材五大工业体系。1990年，全县工业企业发展到9065家，从业人员64016人，工业总产值125411万元（90价，下同）。1993年后，液压泵厂、无线电厂、水轮机厂等一批国有企业继续增资扩产，华天龙制衣厂、雅达电子厂等一批三资企业纷纷落户罗定，乡镇企业和民办工业蓬勃发展。在国有和集体工业企业中普遍推行百元投入与产出比率和百元固定资产创税比率的"双百"管理和大力开展"产、学、研"相结合的科技创新活动，全市工业继续保持稳步发展的势头。液压泵厂、无线电厂、林产化工厂先后被省认定为高新技术企业，制药厂、农药厂、屏风山水泥厂等6家企业晋升为省级先进企业。通过科技兴工，开发出一大批适销对路、技术含量较高的新产品。农药厂的田安，制药厂的生化汤丸、跌打丸、川贝止咳糖浆，水轮机厂的水轮机，雀儿特种水泥公司的白水泥被评为省优产品。无线电厂有限公司的交流参数稳压器、广液股份有限公司的高压叶片泵和林产化工厂的松醇油等产品被评为部优产品。广液股份有限公司研发的YB-G高压叶片泵和无线电厂有限公司研发的WL.WY数字波三相交流稳压器，技术质量处于国内领先水平。2000年后，国有和集体企业开展深层次的产权改革，通过实施"三个一批"，即转让国有、二轻乡企局、罗城镇属企业的产权壮大一批优秀企业，租赁承包一批中小企业，关闭破产一批资产不良企业，加快国有企业转制步伐。同时，市政府还制定了进一步鼓励扶持个体私营经济和三资企业发展的优惠措施。到2003年，民营企业和三资企业已占全市工业经济的主导地位，工业经济总量进一步增大。2003年，全市有工业企业4895家，从业人员65388人，总产值1058912万元（现价，下同），是1990年的8.4倍。至2011年，全市有工业企业1565家，工业总产值628371万元（可比价）。主要产品有铁矿（成品矿）、化学农药（折纯量）、松香、松节油、饲料、塑料制品、服装、布匹、毛线、饮料酒、淀粉、机制纸、各种电线、皮塑鞋、液压泵、水轮机、稳压器、轻金属家具、民用炸药、水泥、花岗岩板材、陶瓷、红青砖、电子元件等。

四、着力完善交通网络

从1979年开始，罗定对公路建设提出了新的要求，以提高公路等级和将罗定建成四通八达的公路交通网为着眼点，以实现乡村通公路、镇镇通汽车为目标，掀起公路建设和改造的新高潮。到1985年底，共建成通车的公路有22条，总里程66.3千米，全县23个公社（区）全部通了汽车。1986—1990年，客货流量大幅度增加，原有的公路网已不能满足社会和经济发展的需要。县委、县政府把地方公路的建设作为基础设施建设的重点来抓，采取"民需民办、民办公助、民工建勤"的办法，充分发挥镇委、镇政府的作用，调动广大群众的积极性，新建地方公路24条（段），共66.3千米。1991—1995年，县（市）领导亲自督促检查，镇委书记或镇长亲自指挥，交通部门与各乡镇制定"三年成形、五年成网"的地方公路建设总体规划。在建设中坚持"未通公路的管理区优先、群众积极性较高的地方优先"的原则，采取"上级（省）补助一点、手拖摩托车养路费安排一点、乡镇自筹一点、群众捐（集）一点"的资金筹集办法，新建地方公路50条，共216.68千米。1996—2000年，将建设重点放在一批线路长、难度大的公路方面，新建公路35条（段），共168.8千米，实现了全市村村通公路的目标。2001—2011年，市委、市政府把建设重点放在乡道及其硬底化上面，到2011年底，全市公路总里程已由1978年的609.7千米增加到1822.13千米，形成了四通八达的公路网。其中国道67.41千米，并已全部改建为一级水泥路；省道161千米，23千米为水泥路，138千米为沥青路；市、乡镇公路1593.71千米，大部分已实现硬底化。汽车保有量由1978年的225辆增加到2011年的12710辆。

1992年7月31日，从三茂铁路的春湾站接轨，途经阳春市、云安县到罗定市城区，全长62.15千米的春湾至罗定地方铁路，经广东省计委批准兴建。铁路建设标准为地方铁路Ⅰ级，预留国铁Ⅱ级；年输送能力初、近期550万吨，远期1100万吨。该铁路于1992年立项，1994年2月动工，1999年12月全线铺通，2000年12月投入临时运营，2003年5月并入全国铁路运输网，主要办理整车货物和集装箱货物运输业务。2000年投入运营即运货1506吨，2001年后，每年的运货量都超过30万吨以上。铁路正线75.42千米、工程总投资为11.36亿元的罗定至岑溪地方铁路，也于2001年初开始立项报批，同年11月获国家发展计划委员会批复。2002年2月，原中铁建设开发中心、广东罗定铁路总公司、广西岑溪铁路建设有限公司共同出资，组建了中铁（罗定岑溪）铁路有限责任公司，负责罗岑铁路的建设、经营和管理。2002年3月，罗岑铁路进行设计招标。此后，罗岑铁路的筹建工作一直在进行中。

20世纪60年代末，罗定曾在船步镇兴建了一个供造林飞播、杀虫用的农用机场。1990年11月，县领导班子决定选址兴建一个规模为Ⅰ－A等级的多功能的通用机场。机场建设地点定在素龙镇沙豪岗村，占地面积约21万平方千米。工程于1991年3月正式动工，同年10月通过竣工验收，11月28日民航中南管理局试飞合格，12月11日起租用8座"海岛人"飞机开通"珠海—深圳—罗定""珠海—广州—罗定"的往返航班，周一至周六每天飞行1

班，深受旅客欢迎，乘坐率达到90%。1992年5月，县委、县政府又决定将罗定通用航空机场扩建为3-B等级的民用航空运输机场。扩建工程于1992年12月动工，1993年12月初竣工并通过竣工验收、试飞，同年12月28日使用瑞典产的36座"萨伯-340"型客机接送来参加罗定设市庆典的来宾首航"广州—罗定"成功。此后，使用36座"萨伯-340"型客机包机，开通"深圳—罗定—深圳"航班，起降于深圳黄田机场，每周一、三、五各飞行1班，乘坐率达到70%以上。至1996年底，因中国南方航空集团有限公司把"萨伯-340"型客机全部转让，无适合罗定民用航空运输机场飞行的飞机而停航。罗定机场开通航班5年多，共飞行3759班次，接送乘客36900多人次，其中有来自美国、法国、意大利、加拿大、马来西亚、新加坡、比利时等国家和港澳台地区的客人11430人次，占总乘客的30%以上。此外，还积极为"三资"企业传递信息、送货、送样，为周边县市林业杀虫提供帮助，取得了较好的经济效益。1997年后，罗定机场由原来的航班飞行转为不定期包机飞行，同时引进外单位进场开展飞行培训、空中旅游、跳伞表演等业务。

1991年前，罗定的水路运输全靠罗定江。罗定江航道全年可通航35吨船舶，罗定港年吞吐量达10万吨。1991年双东水电站扩容改建后，因船闸未全部复建而断航。为提高水上运输能力，罗定从1979年起就大力拓展外港运输市场，派员长驻郁南南江口港、云浮六都港组织货源，又多次组织船舶到东江、北江参加运煤大会战，并适时派船于榨季为珠江三角洲各大糖厂运蔗，每年水路货运量都在20万吨以上。1981年更达到33.97万吨。1994年10月，动工兴建南江港口岸码头，1999年4月通过省验收，7月22日挂牌运作。港口设计岸线全长350米，港区占地面积4.26万平方米，年吞吐量100万吨，第一批集装箱泊位已于1999年4月投入使用。

五、科技兴市推动发展

罗定一向重视科技对推动经济社会的发展的重要作用，从管理、引进人才、经费投入、推广与服务等方面加强对科技工作的领导和支持。1991年，县成立科技工作领导小组，由县委副书记任组长，进一步加强对县科学技术委员会和全县各级科技管理机构的领导，并明确各乡镇配备一名管科技工作的副镇长和一名科技助理，县局级以上单位和人数较多的企事业单位也配备抓科技的副职领导。2000年市成立由市委书记任组长的镇级党政领导推动科技进步实绩考核领导小组，采取实地考核和书面考核的形式，对全市23个乡镇的党政领导班子和领导干部推动科技进步实绩进行考核。通过组织考核，党政"一把手"增强了抓科技的意识，把科技工作列入党委、政府的重要议事日程。市科学技术委员会是市政府管理科技工作的职能部门。1997年7月，市科学技术委员会更名为市科学技术局，管理职能由直接管理转变为间接协调服务，逐步在全市建立了科技服务管理网络。

1990年以后，罗定逐步加大了引进人才的力度。1991年，县委七届三次会议作出了《关于广揽人才和进一步发挥科技人员积极性若干问题的意见》，采取了多项引进人才的激励措施加优惠办法，从最初"走出去"的人才招揽方式到"来去自由"的人才柔性流动方式，通过技术咨询、讲学、短期聘用、技术合作、技术入股、合作经营、人才租赁、人事代理和与高校、科技部门挂钩或签订人才供求协议等形式招揽人才。1995年，市委制订了《中共罗定市委、罗定市人民政府关于贯彻"省委、省政府关于加速科学技术进步若干问题的决定"的实施意见》，明确多渠道增加科技投入的机制：以政府投入为主导，社会投入为主体；建立科技发展基金；各类企业每年用于科技开发的经费要占销售收入的1%以上；增加科技贷款，以逐年增加科技投入。开展科技推广和示范工作，促进生产的发展和科技的进步，是罗定实施"科技兴市"战略的核心内容。1985年，罗镜镇镜坡管理区李华强开展虎纹蛙人工养殖技术的试验研究，1991年被列入省"星火计划"，经过多年的反复试验和实践，成功解决青蛙的人工孵化、幼蛙饲养和病害防治等技术环节，在县内外推广，带动千家万户养殖。1994年，在推广虎纹蛙养殖的基础上，大力推广美国蛙和泰国蛙养殖，1996年，全市养蛙面积3000多亩，年亩产一般都有5000千克，最高的可达1万千克。

大力推广建沼气池和节柴灶。1992年罗定县被省农业厅列为沼气推广重点县，生江、双东两镇被列为省级沼气推广重点镇。经过几年的努力，到1994年全市已建沼气池3261个，14.9万户建了节柴灶。1995年通过了省的验收。该项技术的推广既解决了千家万户生活燃料不足的问题，又有效地保护了森林资源。1995年6月10日，《南方日报》头版头条以《罗定改燃节柴卓有成效》为题，介绍罗定开发沼气和推广节柴灶的经验。

1996年，依靠省农科院水稻所、科技处的技术指导，罗定全面推广水稻综合增产技术：全面改造中低产田；大面积推广水稻优良品种（占水稻面积90%以上）；应用水稻高产规范化栽培和优化配方施肥技术；全面推广病虫鼠害综合防治技术等。到1997年，即实现了"吨谷市"的目标，平均亩产达到了1007千克。

1999年，加益镇根据该镇劳力富裕和山地资源丰富的优势，引进新西兰大白兔、美国加州兔、日本大白兔等8个名优品种原兔种，采取"公司+农户"生产经营模式，带领千家万户农民养兔致富。

1999年，市水果生产服务公司大力推广和应用高接换种新技术，改造低劣果园约200万平方米，改造成功率100%，改造后的产量和质量都明显提高。2000年，应用留长实砧重新嫁接综合技术，对罗定市受冻寒的600万平方米龙眼、荔枝果园开展救灾复产工作，使受冻寒的龙眼、荔枝果树重获生机，这一方法得到群众的好评，并在全省范围推广。

2000年，市畜牧水产局与素龙镇政府合作建生猪养殖场，致力于培育、饲养、推广新一代优质良种瘦肉型猪。该场引进了国外杜洛克、大白、长白等优质瘦肉型原种猪，繁育长大、大长等二元杂交种母猪和杜长大、杜大长等三元杂高品优猪苗，并示范推广。优质瘦肉型猪瘦肉率达60%～65%，比本地肉猪价格每公斤高出1.2～2元，每头猪可增加90～150元的收入。2005年，罗定市农业科技贡献率已达55%。

2011年，全市经省认定的高新技术企业3个，高新技术企业总产值达2.68亿元。全市拥有科普教育基地1个，全年参与科普活动累计25万人次。全年申请专利80件，同比增长9%。

六、老区学校改造成效显著

罗定市总面积2327平方千米，大部分是山区。其中472个山区、老区村庄有学校370多所，服务人口92万人，学生10多万人；校舍面积48.6万平方米，其中破旧校舍面积15.9万平方米。这些学校的教室大多是20世纪60年代建的瓦房或由百年祠堂、庙宇组合而成，年代久远，其中81所学校的危房面积达到25675平方米。改造这些山区、老区学校，是当地人民群众多年来的迫切愿望。2002年，罗定遵照省委、省政府有关对全省山区、老区学校进行全面改造的决定，成立了改造山区、老区学校工作领导小组，由主管教育工作的副市长任组长。市政府下发《关于成立改造老区农村小学工作领导小组的通知》，制定首批老区、山区学校改造计划。山区、老区首批需改造的15所学校按计划向省财政厅和省老促会提交了关于要求扶持老区学校改危的报告，争取省老促会、省扶贫办和省教育厅的资金支持。市教育局召开贯彻落实省山区工作会议精神，加快罗定市教育改革与发展步伐会议。同年，省拨专项资金450万元到位，资金由市财政局全部拨转教育局。教育局根据首批15所山区、老区学校建设规模大小进行安排，每所学校获得改造资金在23万元到38.5万元之间，2002年底，首批15所山区、老区学校改造任务全部完成。

2003—2005年，改造山区、老区学校的工作继续加强。经过大量的调查核实工作和整理有关资料上送，第二批（17所）、第三批（20所）山区、老区学校改造继续得到上级的大力支持，省拨专项资金1100万元到市财政局，由市财政局基建科按工程施工进度，直接拨给通过工程招标中标的工程公司，再由工程公司划拨到各项目经理。每笔资金，均由市财政局、市教育局和省老促会等相关人员到现场核实工程进度和工程量后再行拨付，以保证资金落实到位，保证建设工程顺利进行。

罗定市山区、老区小学面广量多，仅靠省安排专项资金是不够的。在改造工作中，市、镇、村三级广泛发动社会各界人士捐资，筹集改造资金，以加快改造工程的进度。围底镇文岗村委通过积极宣传和发动群众捐资，筹得捐款36万元，围底镇省人大代表郑继坤捐资20万元装配一间标准电脑室；罗平镇塘屋村小学改造工程在得到省专项财政资金扶持的同时，群众在党员、干部和教师的带动下捐款31万元，建起一幢总投资额近80万元的教学大楼；加益镇排阜村委发动村民特别是外出人员，筹得款项30多万元。2003—2005年，全市投入山区、老区学校改造的资金达2220.91万元，其中省财政拨款1560万元，市、镇、村三级政府投入资金366万元，社会捐资投入294.91万元。此外，市教育局、市扶贫办、市计划局、市财政局等相关部门也大力支持山区、老区学校改造工程，认真按照有关规定，减免山区、老区学校改造的规划报建费、施工管理费、消防报建费、防雷报建检测费等多项费用，使全市山区、老区小学改造的平均建筑造价控制在每平方米450元左右。全市第一、二、三批山区、老区学校改造中，共改造学校52所，拆掉危房面积2万多平方米，扩建校园面积63762平方米，建成新教学楼房52幢，建筑面积达46838平方米。2005年，这52所学校全部通过市质量检查组验收，所辖范围适龄儿童入学率100%，巩固率100%，19所被评为市文明学校，1所被评为市一级学校。

七、群众文化多姿多彩

罗定素有"文化之乡"的美誉，群众文化活动一向较为活跃。1979年后，罗定文化部门在原有基础上，加强了对市、镇、村三级文化网建设的领导，想方设法筹集资金，扩建、新建了一批群众文化活动场所，保证了群众文化活动的开展。到2003年底，市文化馆、镇文化站、村文化室三级文化网已基本建成，群众文化活动场所遍布城乡，文化设施向多层次、多功能发展，成为当地有吸引力、凝聚力、辐射力的文化活动中心。

罗定城乡文化设施建设，大体可分为两个时期：

1979—1997年为第一时期，城区相继修建、扩建或新建了文化馆、图书馆、博物馆、新华书店大楼、广播电台、有线电视播控中心等文化设施；24个镇均设立了文化站、广播站、电视站、图书室，并建成了泗纶等18个文化中心，大部分村也建成了文化室，城乡文化网络基本形成。从1996年开始，粤剧团、民乐队、摇滚乐团、曲艺社团等20多个专业或业余演出团体和电影放映队，常年活跃于全市城乡舞台。广场文化、祠堂文化等具有罗定特色的群众文化活动，全面提升了群众文化活动的品位，丰富了城乡人民的文化生活。附城文化中心采用会员制形式，会员每年只需缴纳30元入会费，就可以参加文化中心组织的各项活动，深受群众欢迎。1989年，替濮文化室被省文化厅和《南方日报》授予广东省"最佳'四位一体'（进行思想教育、开展文化活动、普及科技知识、传递经济信息）文化室"称号。

1998—2011年为第二时期，全市按照广东省《山区文化建设议案》和《山区文化建设工程实施方案》，结合实际，制订实施方案，加大对城乡文化设施建设的投入，相继建成城区的市文化广场、龙城广场、新华书店综合大楼、市文化综合楼、新博物馆、罗定艺术学校、有线电视新播控中心等，并从微波联网发展到光纤联网；建成26个流动电影放映队、21个镇文化站、13个镇文化广场、291个村文化室、23个祠堂文化室，各文化站和文化室均配备图书阅览、电影放映与举办文艺演出所必需的设备和器材，能开展各种文化娱乐活动，提前一年实现广东省《山区文化建设工程实施方案》提出的文化设施建设任务。黎少镇替芳垌村建起市内首个自然村文化室，素龙镇大甲村彭鸿峰建起罗定鸿峰博物馆，思围村欧木荣建起市内首家私人"云煜书室"。2001年4月，罗定被评为"广东省实施'南粤锦绣工程'文化先进市"；同年12月，又被评为"全国文化先进市"。至2011年底，全市已建成市、镇、村三级文化网，城乡文化网络基本完善。

1996年，一批热心的退休老师、文艺爱好者在谭御史祠组织开展各种健康有益的文化活动，颇受群众欢迎。文化部门因势利导，统一制定、印发了罗定市祠堂文化"七要七不要"的规定，引导群众正确对待祠堂文化活动，避免了祠堂文化活动可能产生的负面影响。此后，全市先后建成了平田古祠、坪口彭氏书院等20多家祠堂文化室，活动形式也由原先的曲艺表演、书画创作发展到歌舞表演、戏剧演出、武术表演、图书阅览和体育活动等方方面面。2002年7月，新华社等7家中央级新闻媒体到罗定采访基层文化建设，将祠堂文化喻为罗定文化建设的"三大亮点"之一（其余两大亮点分别为农村电影放映和附城文化中心首创的"会员制"文化活动形式）。至2011年底，全市已建成祠堂文化室23个，参加祠堂文化活动的群众达10多万人。

1997年，广场文化活动开始在罗定城区出现，一些曲艺爱好者组成自娱自乐的曲艺团体，在城区龙城乐园内的空旷地（群众称为"小广场"）吹拉弹唱，吸引了大批群众。之后，文化部门在小广场建起简易露天舞台，让他们于周末为群众公演，颇受群众欢迎。1998年，市政府出资新建了有露天舞台的市文化广场，随后又兴建了龙城广场，广场面积达到2万多平方米，成为群众休闲、娱乐、健身的好地方。市文化部门制订好切实可行的广场文化活动规划，派人到各企业、各单位、各镇指导实施，使广场文化活动由自发组织、自娱自乐逐渐走向规范化、制度化，活动内容也由曲艺的吹拉弹唱发展到粤剧、电影和各种形式的文艺表演和汇演，举办电影专场晚会或知识竞赛，文艺演出年平均超50场，专场电影晚会超70场，并先后邀请南方歌舞团、新疆哈密歌舞团、厦门交响乐团、上海女子民乐队、广西岑溪演出团和著名演员唐彪、叶振棠、温碧霞等在市文化广场进行专场演出，不但丰富了市文化广场的活动内容，而且使群众欣赏到高水平的艺术演出。在市文化广场的辐射带动下，各镇和个别村也纷纷建起文化广场，开展广场文化活动。1998年，罗定市文化广场被评为广东省首届"十佳"文化广场。至2011年底，全市已建成文化广场16个，其中市文化广场1个，镇文化广场13个，村文化广场2个。市文化部门除组织、安排好市文化广场的文化活动外，还定期对各镇（村）的广场文化活动进行规划和指导，从而使全市的广场文化活动水平不断提高，群众的文化娱乐生活不断充实。

第三节 新征程又有新发展

2012—2017年，罗定市委、市政府带领全市人民，深入贯彻落实习近平总书记围绕改革发展稳定、内政外交国防、治党治国治军发表的一系列治国理政新理念、新思想、新战略，按照省委"围绕交通区位的改善，做好产业文章、经济文章"的要求，立足"融入珠三角，沟通大西南，建设粤桂边工业新城"的发展定位，加快融入"广佛肇+清远、云浮"新型大都市圈。把园区发展、招商引资和重点项目建设作为壮大县域经济的抓手，实现了经济稳中向快发展，取得了固定资产投资等五项主要经济指标翻一番多的成绩。主要经济指标的增速高于粤东西北地区平均水平，高于全国和全省同期平均水平，在粤东西北2015年度县市区"经济振兴指数"排名中以83.18的总分跻身第7位。先后获得了"全国粮食生产先进县（市）""全国农村劳动力转移示范县（市）""全国科技进步县（市）""全国农田水利基本建设先进单位"等荣誉称号，并被确定为国家循环经济示范县（市）建设地区。

一、扶贫开发，心系老区

中华人民共和国成立后，党和人民没有忘记老革命根据地（即革命老区，也称老区）的人们，从各方面对他们进行扶持，使老区迅速改变了贫穷落后的面貌。

1958年5月，广东省老革命根据地建设委员会批准罗定县黎少区横岗乡的六迪自然村、大陂自然村为革命老区。在老区评划期间，县政府就已拨出3000元，帮助困难户修建房屋44间。高要专区也拨出2000元，开办了一间养老院，把老区的革命老人接进养老院安度晚年。1963年后，县人民政府投入资金，帮助老区兴建了能灌溉800亩农田的大寅水库，修建了2间小学课室。1981—1983年，各级政府先后拨款1.1万元，银行发放无息贷款2万元，帮助老区兴建小水电站和修公路，使老区九成农户用上了电，交通条件也大为改善。

1993年3月，罗定的龙甘等75个管理区及非老区管理区的塘埇等119个自然村被肇庆市人民政府批准为老区村庄；同年12月22日，肇庆市人民政府发文，批准补划大旺塘等12个自然村为老区村庄。1994年8月，广东省民政厅批准罗定市罗镜镇等12个镇为革命老区乡镇。至此，罗定拥有革命老区乡镇12个、革命老区管理区75个、革命老区自然村472个。到2017年，罗定市实际拥有老区自然村472个不变。

为了更好地做好扶持老区建设的工作，1995年6月，罗定成立了老区建设促进工作委员会（简称老促会），委员会下设办公室，专门负责扶持老区建设的工作。1996—2003年，老促会经过多方运作，由广东省、云浮市和罗定市三级共拨出资金194万元，帮助老区建成公路、村道102千米和桥2座，种果、造经济林约169万平方米，建成饮用水工程5宗，搬迁分散村庄3个。此外，还帮助老区兴办了一批小企业，解决了部分老区村庄用电难等问题。

2002年，罗定按照省委、省政府有关对全省山区、老区学校进行全面改造的决定，成立了由主管教育工作的副市长任组长的改造山区、老区学校工作领导小组，和市教育局的有关负责人一起，到全市472个山区、老区村庄进行调查摸底。这些村庄有学校370多所，校舍面积48.6万平方米，其中破旧校舍面积达15.9万平方米，其中81所学校的危房面积达2.57万平方米。市委、市政府决定从当年开始，分三批对其中的52所学校进行改造。到2005年底，全市投入山区、老区学校改造的资金达2220.91万元（包括省财政专项资金，市、镇、村三级政府投入和社会捐资），拆掉危房面积2.57万平方米，建成新教学楼房52幢，建筑面积4.68万平方米，扩建校园面积6.38万平方米。

从2009年开始，罗定按照中央的部署，开展扶贫开发工作。在扶贫开发工作中，罗定党政领导和罗定人民始终把老区人民记在心上，把扶持老区人民脱贫致富列入全市的扶贫开发计划中去，想方设法扶持老区贫困村发展集体经济，使老区贫困村跟上当地扶贫开发后贫困村集体经济的发展步伐，老区贫困人口的生活水平不低于当地扶贫开发后贫困人口的生活水平，取得了显著成效。

2010年，全市人均年纯收入低于2500元的贫困户有26139户，贫困人口70252人，其中有劳动能力的贫困户有15408户，贫困人口50965人。当年，市委、市政府遵照省委、省政府有关开展新一轮扶贫开发工作要做到"双到"（规划到户、责任到人）的部署和要求，从领导高度重视、部署精心周密，制订帮扶方案、明确工作目标，落实帮扶责任、明确工作职责，创新扶贫形式、健全五项长效机制（保障扶贫、智力扶贫、产业扶贫、社会力量扶贫、固本强基扶贫等长效机制）等方面，切实加强对扶贫开发"双到"工作的组织领导，全面开展扶贫开发"双到"工作。全市列入省重点帮扶的18个贫困村有贫困户4322户，贫困人口18221人；由上级驻罗定单位及本市市直单位和镇（街）干部职工挂钩帮扶全市贫困村以外的贫困户21817户，贫困人口52031

人。到2012年11月底，全市第一轮扶贫开发 "双到" 工作共投入帮扶资金24481.6万元，其中投入到村资金18204.57万元，投入到户资金6277.03万元，实施帮扶项目1755个。到2012年底，18个贫困村有劳动能力的贫困户年人均纯收入达6622.8元，非贫困村有劳动能力的贫困户年人均纯收入达6536元。全市有劳动能力的15408户贫困户，帮扶后年人均纯收入达2501元以上，脱贫率100%。全市贫困村开发集体经济项目58个，投入资金1218万元，18个贫困村集体经济从2009年平均每村的6138元，增加到2012年的84085元。贫困村的生产生活环境变化很大，村委硬件设施明显改善，村班子的执政能力明显增强。

2013—2015年，第二轮扶贫开发 "双到" 工作需帮扶的贫困户有15962户，贫困人口45666人，其中有劳动能力的贫困户6271户，贫困人口26779人。按照省、云浮市和罗定市第二轮扶贫开发 "双到" 工作实施方案的安排，全市有30个重点帮扶村。3年来，全市累计投入帮扶资金3.03亿元，开展帮扶项目943个。到2015年底，全市30个重点帮扶村集体经济村均年纯收入达到9.45万元，有劳动能力的贫困户年人均纯收入达1.01万元。

2016年，罗定按照中央的有关部署，开展新时期脱贫攻坚工作。全市在高质量做好贫困人口的精准识别、建档立卡，建立健全驻镇、驻村工作制度，制定完善帮扶规划的基础上，紧紧围绕贫困人口脱贫增收的目标，把大力发展特色优势产业作为重要抓手，全面扶持有劳动能力的贫困户发展增收产业，做到早谋划、早实施、早见效。全市共有相对贫困人口21535户55913人。市委、市政府采取压实主体责任、凝聚帮扶合力，完善机构、积极对接，加强政策宣传支撑、建立督查追责机制，精准识别、建档立卡，加强资金使用管理、加快项目实施见效等方法，做好脱贫攻坚工作。全年累计投入帮扶资金13715.35万元，实施帮扶项目

767个。在加益镇和龙湾镇率先建立了扶贫大数据库，市第二服务大厅可"一站式"办理涉及扶贫的服务事项；相对贫困人口义务教育、医疗和住房三大民生保障得到加强，发放了2015—2016年度助学金、助学贷款和减免学费共1298.2万元，为1837户相对贫困户进行了危房改造；金融、特色农业、电商、资产收益、光伏五大扶贫工程开始实施。

2017年，全市开展各类帮扶项目12.19万个，其中到村帮扶项目307个，到户帮扶项目12.16万个。集中连片整镇推进发展特色产业脱贫工程开展到村帮扶项目217个，到户帮扶项目12万个，超额完成了年度脱贫目标。全市贫困地区医疗设施、道路硬底化、安全饮水、生活用电、广播电视、网络覆盖完成率均达100%；有劳动能力贫困人口年人均可支配收入达7727.21元，落实义务教育政策贫困人口6183人，落实率为97.6%，落实住房安全政策贫困户1170户，落实率为41.8%；33个相对贫困村实现了扶贫大数据平台全覆盖。制订、落实《罗定市集中连片发展特色产业脱贫工程规划方案》，将全市划分为八大特色产业扶贫片区，着重推进稻米、肉桂、罗竹、油茶等四大传统特色产业，培育发展肉牛养殖、南药种植、生态观光、光伏发电等新兴产业，并取得初步成效。

在新时期的扶贫开发、脱贫攻坚工作中，罗定人民始终把为中华人民共和国的建立做出了巨大贡献的老区人民记在心上。为了彻底改变那些仍然比较贫困落后的革命老区镇、村的面貌，市委、市政府在制订扶贫开发、脱贫攻坚计划时，首先把符合扶贫开发、脱贫攻坚条件的革命老区作为扶贫开发、脱贫攻坚对象，纳入扶贫开发、脱贫攻坚计划之中，然后根据老区镇、村的实际情况，制订出切实可行的措施，力争在最短的时间内，收到明显的效果。

革命老区镇龙湾镇（原扶合镇）位于罗定市西部，距罗定市区53千米，是罗定最边远的山区镇之一，也是市内经济相对比较落后的乡镇之一。全镇总面积126.4平方千米，林地面积约100.6平方千米，占总面积的80%。其中生态公益林约63平方千米，占全镇林地面积的62%。龙湾镇有贫困户769户，贫困人口2047人，其中有劳动力的贫困户438户，人口1621人。市委、市政府在制订"一带六基地十龙头"的发展规划和"一年打基础、两年见成效、三年上规模"的发展目标时，在罗定市连片规划整镇推进的八大特色扶贫产业中，根据龙湾镇山坡地多、土壤肥沃的实际，选择南药种植为该镇的特色扶贫产业，建设龙湾镇"万亩南药，十里长廊"南药种植基地，并全面启动社会主义新农村建设。2016年8月，龙湾镇委书记梁英艺带着镇干部，前往南海走访中药企业，寻找到见效快、效益好、适合龙湾种植的广藿香、郁金香、黄精等中药品种，并于2016年除夕前分五批组织镇、村干部前往高州参观广藿香种植基地。为了为南药种植基地寻找种植技术依托单位，梁英艺于2017年4—9月，先后11次前往中国科学院广西植物研究所拜师学艺，并把中国科学院广西植物研究所副所长韦霄博士和他指导的4位研究生请到龙湾长驻，负责南药种植技术的指导工作。龙湾镇南药种植基地以罗定市百草源种养专业合作社为基地建设的实施载体，南海帮扶单位、科研单位、龙湾镇政府、农业合作社四方合力共建，贫困户和农户加入农业合作社，通过统筹扶贫基金，按每户贫困户投资一万元入股到南药基地，每年获取10%的投资收益，并获得山林租金、基地聘用种植南药工资收入。南药基地全部建成后预计丰年产值可达1.3亿元。并结合乡村旅游、农业观光等举措，吸引更多客人到龙湾旅游观光，推动龙湾旅游业发展，增加镇域经济收入。到2017年底，已将省道S352线公路两旁的峒旺、大石、堂棣、金充4个行政村的山地767万平方米、水田80万平方米、旱地133万平方米实现流转。387万平方米的南药基地核心区建设，全长6千米、宽8米的核心区南药大道建设，长6千米的主管道和60千米的支渠引水灌溉管道建设等工作进展顺利，大部分山地也已梳理形成种植梯田，种上了种苗。龙湾人民发扬老区人不怕艰苦、乐于奉献的革命传统，有力出力，有地出地，有钱出钱，积极投身南药种植基地建设和社会主义新农村建设。村民们自觉清除自己屋前屋后的杂草、垃圾、淤泥，在施工队到自己所属的地方施工时还提供午饭和午休的地方。长湾村新农村建设筹委会会长肖志勇，无偿让出自家宅基地和田地约1000平方米建设停车场和游泳池，蓝湾村筹委会会长蓝华忠，也主动让出约400平方米土地建设道路。外出乡贤和本地村民积极筹资，自筹捐款7万多元，用于解决前期建设资金。2017年底，龙湾镇南药种植已初见成效。梁英艺一对一扶贫的南充陈湾自然村陈廷禄，种植的2亩广藿香剪枝育苗30万株，收入4.5万元；出售广藿香的根茎收入1.5万元，一家3口人均收入2万多元。陈廷禄握着梁英艺的手激动地说："梁书记，是你们提供的种植项目，使我脱贫致富的呀！"

加益镇合江村是革命老区村，是粤中纵队第四支队第十一团"太阳队"的策源地，有着悠久的革命历史。新中国成立后，合江村村民在党和政府的关怀帮助下，整体村貌虽发生了一些变化，但村集体经济收入和村民的生活水平都还较低。1992年，合江村被评划为革命老区村；2016年，被确认为省定贫困村；2017年，成为新农村建设示范村。合江村身份的每一次蜕变，都彰显了党和政府对老区人民的关怀和爱护。合江全村1111户4552人，其中贫困户156户，贫困人口584人，全村基础条件差、贫困人口多、贫困程度深，帮扶任务十分繁重。从2016年开始，合江村帮扶单位广东省公安厅按照"一年打基础、两年见成效、三年再提升"的总体思路，坚持高站位谋划、高标准推进，把将合江村建设成为新农村示范村作为目标。到2017年底，省公安厅累计投入资金3000多万元，完成各类项目200多个，推动就业、产业、住房、教育、医疗、党建和新农村建设等七个方面帮扶工作全面落地见效。村集体经济收入从2015年的4000元增长到2017年的20多万元，119户有劳动能力贫困户从2015年人均收入不足4500元增长到2017年全部超过1万元。新农村建设一期项目中的村民服务中心、卫生站、村小学和桂皮加工厂已高质量建成，全村拆旧复绿面积达3.3万多平方米，基本完成"三清三拆三整治"工作，全部完成93户改造任务，建成硬底化村道10千米、桥梁1座，安装交通视频监控14处，对合江小学的操场，教室，教师宿舍等进行全面改造，打造美丽乡村小学。并已聘请专业团队对合江村新农村建设二期工程项目进行规划设计，重点对主干道、东风—红星自然村、村民活动广场和玉桂公园进行全面升级改造。合江村的脱贫攻坚工作，得到省领导的充分肯定和社会各界的一致好评，光伏农业、危房改造、"营养午餐"、商业保险等多个创新项目受到省扶贫办的表扬，新华社、《南方日报》、《新快报》等重要媒体也专门对合江村精准帮扶工作作了大篇幅报道。广大村民更是对党的脱贫攻坚政策赞不绝口。47岁的贫困户李宝娟搬入新房时，连声赞叹："党的帮扶政策好！感谢党和政府让我们过上了好日子，还给我家盖上了新房。"

二、富裕罗定，已显雏形

增强经济实力，提高人民生活水平，建设富裕罗定，这是罗定市2010—2015年期间的经济发展目标。在此期间，罗定的园区产业集聚发展。修编了《罗定双东环保工业园总体规划（2012—2030年）》，规划面积由3.47平方千米拓展至30.03平方千米。双东环保工业园依托佛山（云浮）产业转移工业园，被确定为广东省产业集聚发展区，享受省产业转移政策，共引入（含签约）企业83个，计划总投资232亿元，持续壮大高新电子、日用化工、五金家电、生物制药等四大主导产业，获云浮市2015年园区考核评比第一名。在此期间，招商引资再上台阶。紧扣云浮"四新一特"产业发展规划，创新了"主题招商、专项招商、特色招商、筑巢招商、委托招商"五大模式，举办了2012年双东环保工业园全国招商推介会等大型招商活动，不断壮大招商数量、提升引资质量。全市新增招商引资项目418个，协议投资总额910.12亿元。其中亿元以上签约合同项目36个，协议投资360.94亿元。中材、华润、中广核、中顺洁柔、海尔云浮（罗定）创业园以及一力药业、德澳药业等一批大项目、好项目纷纷落户，不断增强加快发展的内生动力。在此期间，重点项目顺利推进。出台了市委年度重点项目工作分解方案，督促重点项目建设进度。共组建融资平台6个，累计融资52.01亿元，促进项目顺利落户、建设、投产。安排县级以上重点建设项目264个，完成投资224.73亿元。在此期间，现代农业加快发展。培育和壮大了"稻米、肉桂、罗竹、油茶"四大特色农业，到2017年，已顺利举办了6届"罗定稻米节"及2014全国肉桂产品（罗定）展销会等活动，打造了"亚灿米""聚龙米""金瓯米"等一系列农业品牌，"罗定稻米"成为继"罗定肉桂""泗纶蒸笼""罗定皱纱鱼腐"之后第四个获认国家地理标志的产品，罗定特色农业的社会影响力和市场竞争力不断提升。2015年，全市生产总值已达177.5亿元，人均生产总值18187元，地方公共财政预算收入11.49亿元，规模以上工业增加值37.62亿元，全社会商品零售总额85.14亿元，2011—2015年期间每年增长分别为14.9%、14.4%、23.5%、22.7%和16.4%，增速均位居云浮第二位。固定资产投资总额146.19亿元，年均增长26.9%，增速位居云浮第一位。城乡居民人均收入14142元，年均增长12.4%。在岗职工人均工资47406元，年均增长18.7%。富裕罗定的雏形已基本形成。

三、快捷罗定，四通八达

突出"内外联动"，稳步构筑"六高速一机场一铁路一国道"的立体交通网络，是罗定市2010—2015年期间的交通发展目标。到2015年，全市完成公路投资77.4亿元，公路总里程达到4058千米，实现了"镇镇通等级公路，村村道路硬底化"的目标；高速公路从"零"起步，现已跨入"枢纽时代"。云罗、罗岑、江罗、罗阳、罗信、怀罗6条高速公路呈"大"字形分布，总里程达152千米，总投资120亿元，贯通近半数镇（街）。其中，云罗、罗岑、江罗、罗阳高速已经通车，罗信高速（罗定段）先行工程已于2017年2月启动，怀罗高速已完成前期工作；罗定机场已建立起华南地区首个全天候跳伞基地和飞行体验基地，正以国内首条低空航线（"珠海—阳江—罗定"）开通为契机，规划建设通用航空经济产业园；罗定铁路已被纳入省"十三五"规划和省政协重点督办提案，已成功回购罗岑铁路股权，争取纳入省部共建或两省区共建计划。

四、魅力罗定，山清水秀

2010—2015年期间，罗定着力抓好宜居城镇、生态文明乡村建设，取得显著成效。坚持"建管并重"的扩容提质方向，成功获批广东省新型城镇化"2511"综合试点县（市）。城市框架不断扩展。修编了《罗定市城市总体概念规划方案（2012—2030年）》和《罗定市泷州新城规划设计方案》。全长17.8千米的环市路成为畅通城区交通的大动脉，将环市路以内区域纳入中心城区规划发展布局，城市建设用地面积由2015年的16平方千米扩展至2020年的33平方千米。其中环市东路和环市西路已建成通车，环市南路正在规划当中。城市建设不断加快，泷州新城江滨公园进入施工招标阶段，旧城区改造顺利推进。完成房地产投资69.5亿元，实施"三旧"（旧城镇、旧厂房、旧村庄）改造项目20个，建成现代商住小区29个，新增城镇住房面积186.55万平方米，带动了体育商业广场、南江文化主题园、文化中心、国际酒店等一批现代城市配套建筑顺利实施，地下管廊逐步完善。城市管理不断强化，城市美化、绿化、亮化水平再上新台阶，"三网融合"全面完成，"数字城市"建设不断加快。"绿色出行"理念深入人心，纯电动公交车顺利推广应用。城市综合承载力进一步增强，成功承办了2014国际女子沙滩排球精英赛、2016国际青年男篮四国对抗赛（中国·罗定）等大型赛事，罗定知名度不断提升；农村面貌不断改善。农村生活垃圾收运全面实施市场化运营，得到省的充分肯定和推广。新农村示范片建设顺利推动，带动全市建成宜居城镇、生态文明示范镇14个，宜居村庄142个，生态文明村1879个。

五、和谐罗定，宜业宜居

打造和谐罗定，建设宜业宜居城市，这是罗定2010—2015年间建设发展的又一亮点。5年来，全市累计安排民生类财政支出124.86亿元，建立并逐步完善覆盖城乡的医疗服务、劳动就业、社会保障、环境保护体系，民生福祉不断增进。教育事业长足发展。累计投入了10.38亿元用于教育事业，成功创建"广东省教育强市"。以罗定中学为"龙头"，创造了"一个龙头、三驾马车、四轮驱动"的高中教育体系，高考成绩连续五年重点率、本科率、总上线率稳居云浮市第一位；"反哺工程"深入实施。各地的罗定商会发展壮大，扩展了推介罗定、凝聚乡贤的平台。泷州教育基金会共收到捐款1亿多元，带动全市21个镇（街）成立了教育协会（基金会），"反哺教育"成为罗定市品牌；群众生活水平不断提高。科学安排并努力办好每一年的"十件民生实事"，民生类财政支出年均增长23.65％。城乡居民人均可支配收入年均增长10％以上，比"十一五"末期翻了一番多。全面完成两轮"规划到户、责任到人"扶贫开发任务，帮扶7.77万相对贫困人口实现脱贫，顺利启动了新一轮精准扶贫工作。医疗卫生水平不断提升。农村公共卫生服务、基层中医药等工作走在全国前列，市人民医院、市中医院晋升为"三甲"医院，成为全省唯一拥有两家"三甲"医院的县级市。城乡居民医疗保险实现了全覆盖，最低工资、城乡低保、各类生活补助等标准逐年提高。社会大局和谐稳定，坚决守住社会稳定的底线，持续深入推进"禁毒"工作，稳步创建了"平安罗定"，获得了"全国民主法治示范先进单位"和"全国'六五'普法先进县（市）"荣誉称号，治安类、"两抢"类警情、五大领域重大矛盾纠纷与刑事案件持续下降，群众满意度不断提升。

六、正气罗定，政廉风清

2010—2015年期间，罗定继续围绕建设"风清气正罗定，廉洁和谐泷州"的目标，全面深入推进党的建设，护航罗定加快发展。以坚定理想信念为目标，以党的群众路线教育活动、"三严三实"专题教育等活动为重要契机，引导党员干部读原著、学原文、悟原理，扎实推进宣传思想文化和精神文明建设各项工作。全市正能量升腾，主旋律强健，党员干部队伍的政治思想素质有了新的提高；初步构建了基层组织服务体系、村务运作阳光体系、干部争先激励体系的基层组织运作新机制。打造市、镇、村

"三位一体"服务平台，全面推行"一卡四制"等联系服务群众新机制。圆满完成镇党政班子和村（社区）"两委"换届选举工作和76个基层软弱涣散党组织的整顿，推进"两新"党组织扩面提质；深入贯彻新修订的《党政领导干部选拔任用工作条例》，打造信念坚定、为民服务、勤政务实、敢于担当、清正廉洁的干部队伍。从快从优配备、选派100多名干部参与重大项目征地拆迁，在实践中锻炼了干部；抓紧党的作风建设。落实"为民、务实、清廉"的要求，全面推进22个专项整治行动和"正风肃己"行动，查处了违反"八项规定"的党政干部20人。2013年以来，"三公"经费支出实现连续3年下降。持续开展民主评议行风政风和"行风热线"活动，行政服务水平不断提升；推进纪检监察机关"三转"，顺利完成市纪委内设机构和11个派驻机构改革。深入开展廉洁文化"六进"活动，保持惩治腐败高压态势，坚决遏制腐败增量，减少腐败存量，逐步形成不敢腐败的氛围，为罗定的改革发展保驾护航。

七、奋进罗定，粤桂边工业新城崛起

习近平总书记在中国共产党第十九次全国代表大会上，号召全国人民紧密团结在党中央的周围，高举中国特色社会主义伟大旗帜，决胜全面建成小康社会，夺取新时代中国特色社会主义伟大胜利，为实现中华民族伟大复兴的中国梦不懈奋斗。在参加十三届全国人大一次会议广东代表团审议并发表重要讲话时，要求广东在构建推动经济高质量发展的机制体制、建设现代化经济体系、形成全面开放新格局、营造共建共治共享社会治理格局上走在全国前列。罗定市委、市政府带领全市人民，认真学习贯彻党的十九大精神和习近平总书记对广东"四个走在全国前列"的重要指示，确定罗定在2016—2020年期间发展的总体目标是"一个确保""两个翻番""三个前列"。"一个确保"是到2018年，确保与全省同步全面建成小康社会；"两个翻番"是到2018年，地区生产总值、城乡居民人均可支配收入比2010年翻一番以上；"三个前列"是主要经济指标增速、综合经济实力、经济质量和效益位居粤东西北地区和云浮市前列。主要预期量化目标为：地区生产总值年均增长12%左右，地方一般公共预算收入年均增长11%左右，城乡居民人均可支配收入年均增长12%左右。2020年，全市生产总值要达到305.9亿元，城乡居民人均收入要达到24923元。

为了实现上述目标，罗定市委、市政府决心带领全市人民，把习近平总书记"不忘初心，继续前进"的政治嘱托与罗定人民对美好生活的向往结合起来，与"融入珠三角，沟通大西南，建设粤桂边工业新城"的定位结合起来，不忘对党和人民的庄严承诺，继续深化推进"一个加强"（全面加强党的建设）和"四个坚定不移抓建设"（坚定不移抓好经济建设、抓好交通基础设施建设、抓好宜居城市建设、抓好社会建设）的工作部署。把经济工作的重心转移到落实供给侧结构性上来，围绕落实好"三去一降一补"重点任务，以《罗定市产业发展概念规划（2016—2030年）》为引领，统筹推进园区发展、招商引资、项目建设，不断强化粤桂边工业新城的产业支撑。在狠抓工业发展的同时，力促农业与第三产业深度融合，实现三次产业健康协调发展。调整优化农业产业结构和区域布局，打造特色优势农业。积极对接省"建设支撑新一轮发展的现代化基础设施"战略部署，立足罗定两广"桥头堡"的交通区位优势，加快打造罗定快速、便捷、高效的立体交通网络，为罗定经济增长、产业升级创造竞争新优势。构筑快速的"外通枢纽"，构建"六高速（怀罗、罗信、云罗、罗岑、罗阳、江罗高速）—机场（罗定机场）—铁路（罗定铁路)"快速交通体系。疏通便捷的"内联脉络",建设"环+方格网式"的主干路网,勾画中心城市路网新格局,确保环市路于2020年全面通车。

坚持以人为核心,以生态环境为底线,优化城市布局和形态功能,统筹推进城市基础设施建设,促进新型工业化、信息化、城镇化、农业现代化同步发展。落实《罗定市城市总体概念规划方案(2012—2030年)》及《罗定市"十三五"近期建设规划》,进一步拉开城市架构,到2020年实现中心城区建设用地规模达33平方千米,常住人口35万人。

把持续改善民生作为深化社会建设的出发点和落脚点,加快发展成果的转化和共享,提升群众整体的获得感和幸福感。综合运用法规、政策、公共财政等手段,加快推进教育领域和关键环节改革,把创建"广东省推进教育现代化先进市"活动落到实处,办成令人民满意的现代教育。构建与罗定经济社会相适应、与居民健康需求相匹配,中西医结合、体系完善、职能明确、功能互补、密切协作的新型医疗服务体系,提高市民的身体素质和健康水平。进一步构筑广覆盖、多层次的社会保障体系,全力推进精准扶贫、精准脱贫工作,确保2018年相对贫困人口实现全部脱贫。完善社会治安防控体系,大力推进"平安罗定"和"无毒城市"创建,营造令人民满意的社会氛围。

附　录

附录一 **革命遗址**

1. 唐公强故居

唐公强故居位于罗定市素龙街道杨桥村，占地面积1200平方米。

唐公强（1901—1928），罗定市素龙街道杨桥村人。1923年加入中国共产党。先后担任中共罗定县委常委兼执行委员、中共高要县委常委等职务。曾参加过广州起义，组建过罗定暴动总指挥部并任总指挥。1928年底，在广宁县境内被国民党反动派杀害。

唐公强故居

2. 李芳春故居

李芳春故居位于罗定市黎少镇横岗六迪村，占地面积1200平方米，至今仍残留国民党当局烧屋的痕迹。

李芳春（1904—1927），罗定市黎少镇横岗六迪村人。1924年加入中国共产党。先后担任国民党中央农民部罗定县农民运动特派员、广东省农民协会西江办事处书记、中共罗定县特别支部书记等职务。曾在罗定多地成立农民协会和农民自卫军，组织农军举行了第一次横岗暴动。暴动失败后，于1927年5月7日在郁南县鸡梯岭被国民党罗定县当局杀害。

李芳春故居

3. 谭其镜故居

谭其镜故居位于罗定市罗城街道细坑社区居委会竹根村。

谭其镜（1904—1927），罗定市罗城街道细坑人。黄埔军校第一期毕业生，早期中共党员。先后担任黄埔军校政治部政治

谭其镜故居

指导员、组织科员、教导团连党代表以及中央军事政治学校入伍生政治部主任、国民党中央军人部临时驻粤委员会委员、中央兵工试验厂国民党党代表、军校国民党特别党部监察委员等职务。1927年4月15日凌晨，在广州被国民党反动军警逮捕，同月26日在广州被敌人杀害。后被追认为革命烈士。

故居属典型清晚期建筑，坐西向东，五进院落四合式布局，面阔37.1米，进深50.5米，占地面积2400平方米，又称"文远堂"。悬山顶，灰塑博古脊，平瓦，正立门面一门楼，两厢两附屋，两条登带直巷，四个镬耳山墙，镬耳已被拆去，青砖包坭砖墙，灰砂脚、麻石夹角。四条内横通巷，仅有四个侧门。门厅为外凹肚门，有趟栊，雕花挡中小屏风，第二进后每进皆有大门、有门墩，后有花格挡中屏板门，第五进为祖堂，天井为红石地面麻石檐阶，登带巷开前后门，无洒，用麻石砌成长方形天井接两侧瓦檐水，附屋分为五间，开三个侧门。谭其镜出生地点为右侧附屋第五间。1994年6月8日公布为罗定市第二批文物保护单位。

4. 谭冬菁故居

谭冬菁故居位于罗定市罗城街道细坑居委谭屋岗，占地面积约2400平方米，屋体为书院三进式布局，两旁带有附屋。

谭冬菁（1903—1988），罗城街道细坑居委谭屋岗人。1924年加入中国共产党。先后担任陈独秀秘书、国民革命军第十师政治部部长、广州教导团政治教官、第五军政治部主任、叶挺秘书、第二十六集团军司令部政治工作队队长、罗定民众抗日突击大队大队长、中国国民党民主促进会常务理事兼主任秘书、中国国民党革命委员会中央委员、广东省西江专员公署副专员、广东省农业厅副厅长、广东省政协常委、民革第六届中央委员和顾问、广东省委副主任专员等职务。先后参加南昌起义、广州起义、"一·二八"淞沪抗战、"福建事变"等。1988年在广州逝世。

5. 谭瑛公祠——横岗乡农民协会旧址

横岗乡农民协会旧址位于罗定市黎少镇大陂村谭瑛公祠内。谭瑛公祠建于清代年间，坐东向西偏北。为二进合院式，占地面积达240平方米，宽9.3米、深9.5米，外有8.3米地堂，悬山顶、灰塑博古脊，平瓦，砖仿石柱，大券门，檐墙嵌素瓷花窗，内三开间三进深，用大小券拱墙承重，地堂建围墙，前左侧开一个平顶券门。

谭瑛公祠

1925年秋，中共党员、农民运动领袖李芳春在谭瑛公祠成立横岗乡农民协会，会址也设在谭瑛公祠。该农民协会是罗定县第一个农民协会，也是西江地区成立较早的农会，在罗定和西江地区农民运动较有影响。

1998年8月被罗定市人民政府公布为罗定市第二批文物保护单位。

6. 罗定县第六区农民协会旧址

罗定县第六区农民协会旧址位于罗定市苹塘镇苹塘旧圩，建筑面积90平方米。

1925年9月，中共党员李芳春到罗定各区乡发动农民运动。罗定县第六区（今华石、围底、苹塘、金鸡4个镇）农民积极响应。同月，六区农民协会宣告成立，会址设于原苹塘圩。

7. 唐木故居

唐木故居

唐木故居位于罗定市素龙街道凤塘六胜村，占地面积200平方米，土木结构。

唐木（1901—1928），罗定市素龙街道凤塘六胜村人。1925年4月加入中国共产党。先后担任北伐交通队小队长、广东工人赤卫队第二队负责人、中共罗定县委常委、罗定暴动总指挥部领导成员、罗定县委书记等职务。曾参加省港大罢工和广州起义。1928年5月18日，在广州寻找党组织时，被国民党反动派逮捕并押赴黄花岗杀害。

8. 李家祠——罗定县第一届农民代表大会遗址

李家祠（历史照片）

罗定县第一届农民代表大会遗址位于罗定市罗城街道人民北路李家祠，占地面积600平方米，因城市建设已被拆除。

1926年4月23日，经省农民协会批准，罗定县第一届农民代表大会在县城李家祠隆重召开。李芳春主持大会，宣告成立罗定县农民协会。罗定县农民协会的成立，统一了全县农民运动的领导，标志着罗定县农民运动进入一个新的发展阶段。

9. 菁莪书院——罗定县农会收缴并烧毁田契旧址

菁莪书院——罗定县农会收缴并烧毁田契旧址，位于罗定市罗城街道道前街。

1926年5月1日，李芳春出席了广东省第二次农民代表大会，会后，按照会议精神，在罗定县城召开了减租减息群众大会，并将收缴来的大量的地主田契，在菁莪书院内当众公开烧毁。此举充分显示了农民协会的力量，大大地增强了全县人民反封建斗争的信心。

菁莪书院建于清光绪十二年（1886），由州学正梁炳南和州绅梁翌龙、陈河清组建，又称罗定州金印局。书院广置田产，以租金资助教育及其他公益事业，并设教育董事会，是广东现存不多的乡约书院。坐北向南略偏东，占地面积约1140平方米，二

菁莪书院

路二进一庭院，面阔29米，进深39.3米，西南小切角。前院外有围墙，正面有坊式门亭，前为青砖仿四石柱门坊，券门，后附半亭，院深14米，大门有7级台阶。硬山顶，灰塑博古脊，平瓦，中路4个镬耳封火山墙，耳房有4个镬耳封火山墙，青砖墙，绿釉瓦当，滴水。中天井加上盖，4个耳房两两相对，中间有小天井。西侧有一路附屋，一条登带巷分两级，前厅后有两厢房，中厅与中天井齐平，无厢房。后厅前后各有一厢房，开3个侧门。该建筑称书院，实为理事会所，俗称乡约祠，后堂有祭坛用以摆放牌位，不分姓氏，厢房为藏书楼、资料室等，建筑物高大恢宏，历史价值与艺术价值均俱。

菁莪书院于1985年5月20日被罗定县人民政府公布为罗定县第一批文物保护单位。2002年7月17日被广东省人民政府公布为广东省第四批文物保护单位。

10. 苹塘战斗遗址

苹塘战斗遗址位于罗定市苹塘镇屏风山一带。

1926年10月13日，反动民团出动2000多人，镇压苹塘农民运动。农军出动1800多人在苹塘雅屋岗、蚊子岗一带还击反动民团，击毙20多人，活捉数十人。在县长陆耀文出面"调停"后，双方才各自撤军。

苹塘战斗遗址

11. 罗定县苏维埃人民政府旧址

罗定县苏维埃人民政府旧址位于罗定市连州镇云致村张日熙故居，占地面积1000平方米，大部分屋体已倒塌，现未倒塌的墙体上还留有当时的弹痕。

第二次横岗暴动失败后，中共罗定县特别支部书记、罗定暴动指导员杨永绍率领农军转移到云致打游击战。1927年8月19日中午，在云致张日熙屋门前挂起罗定县苏维埃人民政府的牌子。

12. 谭朗昭故居

谭朗昭故居位于罗定市罗城街道细坑居委谭屋岗，占地面积约1500平方米，屋体一部分由其后人拆除重建，一部分已倒塌。

谭朗昭，罗定市罗城街道细坑居委谭屋岗人。1938年加入中国共产党。先后担任国立中山大学三罗同学会负责人、《三罗日报》主编、罗定县"青抗会"主要负责人，中共罗定县委统战部、宣传部部长及县城学生核心党支部书记，曾任罗定县委组织部部长。协助党组织做好蔡廷锴及其亲属统战工作，使蔡廷锴亲属捐出家中大批武器，为建立和武装粤中四支十四团做出积极的贡献。

谭朗昭故居

13. 三罗日报社遗址

三罗日报社遗址位于罗定市罗城街道人民北路罗定中学校园内，建于清末，为砖木建筑结构的店铺，占地面积74平方米，后因罗定中学扩建拆毁。

三罗日报社遗址在罗定中学校园内

　　1938年12月，中共罗定县中心支部派出黄焕秋、谭朗昭以中山大学三罗同学会名义创办《三罗日报》，社址设于罗定中学校园内。此报坚持办了一年多，为抗日宣传工作做出较大贡献。

14. 罗定县青抗会遗址

　　罗定县青抗会遗址位于罗定市罗城街道人民北路旧法院，占地面积300平方米，因城市扩容建设已被拆除。

　　为进一步把青年组织起来，促进抗日救亡运动的发展，中共罗定县特别支部在中山大学三罗同学会成立后，筹建罗定县青年抗敌同志会。1939年4月23日，在罗定中学礼堂召开成立大会。罗定县青

青抗会遗址所在地今貌

抗会在县特支的领导下，活跃在县城与乡村，大力宣传党的抗日统战政策，团结群众，为开展抗日救亡运动做出积极的贡献。

15. 王肇汉故居

王肇汉故居位于罗定市双东街道六竹村委黄泥塘村，占地面积6000平方米，五进院落四合式布局，两旁设有附屋，门前有一庭院。

王肇汉故居

王肇汉（1920—1949），罗定县泷东乡（今罗定市双东街道）六竹黄泥塘村人。1939年5月加入中国共产党。1949年1月30日下午，前往㲹滨相思村永同生药店取枪，被敌警察中队包围，王肇汉在突围中光荣牺牲。

16. 彭家祠——三罗民众抗日指挥部旧址

三罗民众抗日指挥部旧址位于罗定市罗城街道人民北路彭家祠内。

彭家祠——三罗民众抗日指挥部旧址

　　彭家祠建于清末民初，坐西南向东北，墙基向外延伸3米，从保护范围向外延伸5米，面阔32.3米，进深33.7米，占地面积1088平方米，广三路，纵三进。硬山顶，灰塑博古脊，平瓦，两登带巷，边路正立面有2个高大镬耳山墙，中路前两进有4个镬耳封火山墙，第三进，两层，两侧有镬耳封火山墙。前门三级台阶、麻石梁柱、平袱四步架梁、外凹肚门。登带巷有3个搭洒，门厅三开间二进深，4石柱，11架梁，中厅三开间三进深，梁架被天花板屏蔽。前有6檩卷棚顶檐廊，东厢有议事厅，三开间三进深，前为四柱卷棚顶檐廊，中平袱7架梁延接后墙，其余为厢房，登带巷有3个长天井。第三进开横门，前有天井长廊，后楼共有7柱骑楼券拱式回廊，有护栏，东西厢为楼梯房。

　　该建筑颇具特色，为清末民初规模较大的合族祠。1944年，三罗民众抗日指挥部设于祠内，总指挥谭启秀在此率三罗地区武装联防队抗日保境。1994年6月8日公布为罗定市第二批文物保护单位。2012年10月20日公布为广东省第七批文物保护单位。

17. 罗锦小学——中共罗定县特派员领导机关旧址

　　中共罗定县特派员领导机关旧址位于罗定市附城街道罗溪村罗锦小学，占地面积120平方米，学校已荒弃，一部分已倒塌。

罗锦小学——中共罗定县特派员领导机关旧址

1947年1月，粤中区党组织委任李保纯为中共罗定县特派员。陈公朗介绍李保纯、黄佩玲夫妇到罗锦小学任教，党的领导机关就设在校内。

18. 罗定县双东中心小学交通联络站遗址

罗定县双东中心小学交通联络站遗址位于罗定市双东街道龙华路旁，旧址已被拆除，新建了双东中心小学。

双东中心小学交通联络站遗址

1947年，中共罗定县特派员李保纯在双东中心小学恢复了王肇汉的党员组织关系。1948年3—4月，因武装斗争工作需要，党组织在双东中心小学建立秘密交通联络站，双东中心小学校长王肇汉为联络站负责人。秘密交通联络站的建立，对加强三罗党组织与部队的沟通联系发挥了重要的作用。

19. 光裕堂——中共罗定县工委、县人民政府机关及粤中四支十四团团部旧址

光裕堂位于罗定市罗镜镇政府大院内。

1948年11月在加益成立的中共罗定县工委机关曾迁设该处。

1949年2月15日，在罗镜泷水中学建立的粤中纵队第四支队第十四团以光裕堂作团部，同时在此成立罗定县人民政府。

光裕堂建于民国三十三年（1944），原为十九路军少将军需

光裕堂——中共罗定县工委旧址

处处长叶少泉公馆，坐西北向东南，四层洋房，面阔12米，进深15.5米，占地面积186平方米，建筑面积达900平方米。正门为双柱三层阳台，两侧凸出六角形，中开侧门有楼梯，青砖墙，正面仿石墙面，顶层前为方形平顶凉亭，四周女儿墙，后四层，后角凸出吊脚小炮楼，花窗边框灰塑几何纹，侧面清水墙体，地面铺青砖，人字纹，阳台用水泥。

该建筑是名人故宅，又是近现代具有重要纪念意义的建筑，有一定的历史价值。1994年6月8日被罗定市人民政府公布为罗定市第二批文物保护单位。

20. 中共罗定县工委成立遗址

中共罗定县工委成立遗址位于罗定市加益镇替架村，已经倒塌，只剩下部分墙脚。

1948年11月，吴桐、谭丕桓代表三罗总工委在加益镇替架村一间小学里召集罗定的革

罗定县工委成立遗址

命骨干开会，宣布成立中共罗定县工作委员会。

21. 金鸡战斗遗址

金鸡战斗遗址位于罗定市金鸡镇政府门前200米，占地面积70平方米。

1948年12月5日，三罗总队向盘踞在罗定金鸡香圃祠炮楼的国民党罗定保警中队发起进攻。战斗取得胜利，毙敌3人，伤敌12人。梁伦、伍炎光荣牺牲。

金鸡战斗遗址（历史照片）

22. 苹塘解放战斗遗址

苹塘解放战斗遗址位于罗定市苹塘镇良官村一带。

苹塘解放战斗遗址（历史照片）

1949年2月3日清晨，解放军粤中部队从白石和围底前后夹击国民党苹塘自卫队，歼敌60多人，活捉了率队负隅顽抗的国民党苹塘乡乡长李权章，缴获枪械一批。

23. 相思永同生药店遗址

相思永同生药店遗址（又名潮岭战斗遗址）位于罗定市䓖滨镇潮岭。

1949年1月30日，郁南县副特派员李保纯率武工队员王肇汉、何梅前往䓖滨相思永同生药店取枪，

相思永同生药店遗址（历史照片）

遭到国民党䓖滨乡公所自卫队100多人包围。李保纯3人奋起反击，但终寡不敌众，在突围中光荣牺牲。

遗址占地面积150平方米，砖瓦木结构，已倒塌。

24. 䓖滨战斗遗址

䓖滨战斗遗址位于罗定市䓖滨镇䓖滨圩。

1949年2月5日凌晨，吴桐、李荣欣、陈凤堃率领部队分三路夹攻国民党䓖滨乡公所、警察所和商团，活捉反动骨干谭高托，缴获大批武器，解放了䓖滨。

25. 叶氏大宗祠——蔡廷锴向共产党捐献枪支弹药存放地旧址

蔡廷锴向共产党捐赠枪支弹药存放地旧址位于罗定市罗镜镇罗镜圩内的叶氏大宗祠，占地面积700平方米。

1949年2月13日晚上，中共罗定县工委发动罗镜、水摆民兵

叶氏大宗祠

和派出三罗进军部队一个连共200多人，将蔡廷锴捐献出来的枪支弹药、军用地图及军事资料等集中到叶氏大宗祠堆放管理。

26. 中国人民解放军粤中纵队第四支队第十四团成立遗址

中国人民解放军粤中纵队第四支队第十四团成立遗址位于罗定市罗镜镇镇西路54号泷水中学操场。

1949年2月15日，在罗镜泷水中学操场，召开县人民武装部队成立大会。会上，粤中军分区领导宣布中国人民解放军粤中纵队第四支队第十四团成立。

遗址现为泷水中学运动场。泷水中学设有宣传专栏，大力宣传中国人民解放军粤中纵队第四支队第十四团的革命事迹，让师生接受革命传统教育。

太平战斗遗址

27. 太平战斗遗址

太平战斗遗址位于罗定市太平镇马鞍山。

1949年6月18日，在粤中纵队第四支队司令员李镇靖的指挥下，四支两个连和十四团主力，加上西南区队和中区队各一部分的武工队共700人进攻太平圩上的敌营。经过一个多小时的战斗，人民军队迅速占领太平圩，并击毙击伤敌保警中队长以下20多人，其余敌兵乘夜逃窜。

28. 龙岗战斗遗址

龙岗战斗遗址位于罗定市船步镇龙岗村。

龙岗战斗遗址

1949年7月22日，中共罗定县工委在三罗党组织和粤中纵队第四支队司令部的支持下，调集第四支队新一团、十四团与中区区队、西南区队共400多人，兵分两路围攻龙岗的反动武装。经2小时的激战，俘敌100多人，缴获长短枪100余支，毙敌11人。

29. 水摆战斗遗址

水摆战斗遗址位于罗定市罗镜镇水摆村。

1949年7月23日，谭启秀所属李冠伦部向罗镜游击区进犯，粤中纵队第四支队第十四团决定在水摆打一场伏击战。战斗从24日早上7时许开始，至下午6时敌人举起白旗投降时结束。这场战斗，敌副中队长李卓成被击毙，敌兵死伤众多，人民军队共俘敌23人，缴获轻机枪1挺，步枪20多支。

30. 云致战斗遗址

云致战斗遗址位于罗定市连州镇云致村鸡翁顶。

1949年9月6日夜里，粤中纵队第四支队主力新一团两个连和十四团两个连，兵分几路直捣国民党保警营长赖汉龙占据的云致鸡翁顶阵地。经过激烈的战斗，毙敌7人，俘敌10多人，缴获重机枪1挺，步枪10多支，赖汉龙被当场击毙。

云致战斗遗址

31. 加益战斗遗址

加益战斗遗址位于罗定市加益镇深宜桥。

1949年9月底，罗国璋率郁南保警队追击中共岑溪游击队太白队，粤中四支十四团在加益圩外1500米的深宜桥附近

加益战斗遗址

设伏，经过2小时战斗，十四团俘获敌保警队20多人，缴获驳壳枪1支、步枪10多支以及弹药等一批物资。

32. 加益中学——罗定第一面五星红旗升起的地方

罗定第一面五星红旗升起的地方位于罗定市加益镇加益中学。

加益中学——罗定第一面五星红旗升起的地方

1949年10月3日，粤中纵队第四支队司令部在加益中学召开庆祝中华人民共和国成立大会，并升起第一面五星红旗。

历年来，当地党委、政府以及加益中学都会充分利用这一历史事实，通过宣传栏、宣誓仪式及校会等形式，对群众、学生加强爱党爱国教育，收到较好效果。

33. 中国人民解放军第二野战军第十三军第三十九师临时司令部遗址

中国人民解放军第二野战军第十三军第三十九师临时司令部遗址位于罗定市苹塘镇苹塘中学，旧址已拆除。

中国人民解放军第二野战军第十三军第三十九师临时司令部遗址所在地今貌

1949年10月18日下午，中国人民解放军第二野战军第十三军第三十九师进入苹塘，在苹塘陆秀中学设立临时指挥部，研究部署追歼逃敌和解放罗定策略。

34. 罗平山田陈氏祠堂——谭其球率队向共产党投诚旧址

谭其球率队向共产党投诚旧址位于罗定市罗平镇山田祠堂。

1949年10月31日，谭其球部在中国人民解放军第二野战军第十三军第三十九师追歼堵截下，见大势已去，将八一迫击炮3门、重机枪4挺、各式子弹2万多发及其他武器一大批，全部集中到罗平山田祠堂，向粤中四支十四团投诚。

罗平山田陈氏祠堂——谭其球率队在这里向粤中四支十四团投诚

附录二　**纪念场馆**

1. 罗定烈士陵园

罗定烈士陵园位于罗定市城区陵园路，罗城街道东区、中区与区屋交界处。

烈士陵园于1957年兴建，分别在1991年、2005年重修。占地面积3.3万平方米，园内有直径10米的圆形合葬墓，墓内安葬着新民主主义革命时期以来在罗定牺牲的革命烈士遗骨。合葬墓前建有纪念碑，该碑仿照天安门广场人民英雄纪念碑式样修建，高10

罗定烈士陵园

米，碑面镌刻"人民英雄永垂不朽"字样，碑背刻有烈士纪念碑序文。纪念碑前设有小广场、平台。园内林木葱郁，多处建有亭台石凳，并铺设多条人行道通向墓地、纪念碑，方便民众到来凭吊祭扫。该园原有正门和侧门，门前有台阶，1998年在正门和台阶处建市文化广场，陵园门改向。1994年6月8日公布为罗定市第二批文物保护单位。

2. 金鸡革命烈士纪念碑

金鸡革命烈士纪念碑位于罗定市金鸡镇坳背顶山。

1948年12月5日，三罗总队向盘踞罗定金鸡香圊祠炮楼的国民党保警队发起进攻。伍炎、梁伦先后中枪，两人经抢救无效光荣牺牲。

同一时期，黄石金、阮南、吴炳新在参加解放三罗战斗中亦献出了宝贵生命。

为缅怀上述先烈，激励后人，1982年1月，当地人民政府修建此烈士纪念碑，高2.8米，宽1.3米，碑面有阴刻碑文，碑前置平台梯阶，碑后及左右设围基，场地面积400平方米。

3. 文安烈士纪念碑

文安烈士纪念碑位于罗定市苹塘镇委、镇政府办公楼背西南面150米处，该碑高3米，宽2.8米，设有碑座，碑前有平台，场地面积400平方米。

1949年1月30日，粤中纵队主力部队独一团和三罗总队前后夹击国民党苹塘自卫中队。是役，战士文安在战斗中不幸牺牲。

1990年，苹塘镇政府为文安烈士

文安烈士纪念碑

修建纪念碑，文安烈士的遗体就埋在纪念碑的位置下。

4. 连州战斗纪念公园

连州战斗纪念公园位于罗定市连州镇替寮岗。

1949年2月22日拂晓，国民党军兵分两路向连州发起进攻。粤中部队在连州迎击敌人并取得胜利。此役敌伤亡60余人，粤中部队牺牲7人，伤5人。

连州战斗是解放战争时期粤中区恢复公开武装斗争以来规模最大的一场战斗。为纪念连州战斗，2005年，罗定市人民政府在连州镇修建纪念公园。公园于2006年10月29日建成，占地面积5550平方米。

公园由门楼、纪念碑、烈士墓、宣传走廊、广场等组成。门楼采用步枪刺刀图案、敞开形结构，左侧刻有广东省原省长刘田夫"连州战斗纪念公园"题词手迹碑石。纪念碑高16.8米，碑石四周宽5.05米，碑座基础四周宽7.5米，混合结构，碑身均用花岗

连州战斗纪念公园

岩装饰，正面刻有原粤中纵队副司令员兼参谋长欧初"革命烈士纪念碑"的题词，碑背刻有碑志。烈士墓位于烈士碑背面，内埋烈士骨骸。宣传走廊橱窗展示了连州战斗地形图、连州战斗概述、参加连州战斗的中国人民解放军粤中纵队有关序列的主要领导名单等资料。园内广场两侧立有欧初、梁嘉等人题词的碑林。

连州战斗纪念公园于2007年12月被中共云浮市委、市政府公布为云浮市爱国主义教育基地。

5. 罗定革命史料馆

罗定革命史料馆位于罗定市连州镇连州战斗纪念公园内，该馆建于2009年10月，占地面积600平方米，二层，钢筋混凝土结构。

罗定革命史料馆收藏有从辛亥革命至中华人民共和国成立这一时期有关罗定革命斗争的重要历史事件、重要党史人物、重要革命旧址等资料。翔实、生动地展现了中国共产党领导下的罗定地区革命斗争的光荣历史。

罗定革命史料馆

6. 梁伦和伍炎烈士墓

梁伦和伍炎烈士墓位于罗定市金鸡镇金鸡山。

1948年12月5日，三罗总队向盘踞在罗定金鸡香圃祠炮楼的国民党保警中队发起进攻，梁伦、伍炎在战斗中受重伤，经抢救无效而光荣牺牲。

梁伦和伍炎牺牲后，葬于金鸡山。墓为封土堆，墓碑砖砌，高2.5米，宽1米，占地面积60多平方米。

每年的清明节期间，当地政府都会组织部分干部、群众和学生到墓地除草拜祭，接受革命传统教育。

梁伦和伍炎烈士墓

7. 潮岭战斗烈士墓

潮岭战斗烈士墓位于罗定市䓣滨镇潮岭营地山，烈士墓面积100平方米，为土墓。

1949年1月30日，李保纯、王肇汉、何梅3人在潮岭相思永同生药店战斗突围中壮烈牺牲。

潮岭战斗烈士墓

当地人民政府为缅怀先烈，修建潮岭战斗烈士墓。每年的清明节期间，当地政府都会组织部分干部群众和学生到墓地除草拜祭，接受革命传统教育。

8. 龙岗战斗烈士墓

龙岗战斗烈士墓位于罗定市船步镇合山口，占地面积100平方米，为土墓。

龙岗战斗烈士墓

在1949年7月22日的龙岗战斗中，人民武装战士李泉、吴红英、殷日养和陈作新光荣牺牲。当地人民政府为缅怀先烈，修建该烈士墓。每年的清明节期间，当地政府都会组织部分干部群众和学生到墓地除草拜祭，接受革命传统教育。

9. 罗平无名氏烈士墓

罗平无名氏烈士墓位于罗定市罗平中学东南面，占地面积100平方米，混凝土结构，竖有铭碑。

1949年10月底，中国人民解放军第二野战军第十三军第三十九师在解放罗定战

罗平无名氏烈士墓

斗中，一战士在罗平牺牲。当地人民政府为了纪念这位籍贯、姓名不详的革命烈士，修建了该无名氏烈士墓。每年的清明节期间，当地政府都会组织部分干部群众和学生到墓地除草拜祭，接受革命传统教育。

附录三 革命英烈和知名人物简介

黄元白

黄元白（1885—1961），原名增考，字遇春，罗定县城高码头人。1903年自费赴日本留学，毕业于庆应大学政治系。与孙中山、胡汉民、汪精卫等人组织同盟会，主编《民声》《天声》，主张反清立宪。1912年，奉命回罗定组织同盟会分会。1913年，被选为中华民国第一届国会第一期常会众议院议员。1916年6月，任国会军政委员会委员。1917年7月，被聘任为孙中山大元帅府参议。1923年9月，与国会议员章士钊、胡汉民等483人在上海联名通电，反对北洋军阀曹锟贿选总统；10月，在上海举行临时会议，遵照孙中山指示组织惩戒委员会，专事惩罚贿选总统的官员，被选为7个惩戒委员之一。1927年，在国民党右派发动政变时离开政坛，先后到澳门教书，到上海某刊任编辑，全面抗日战争期间返乡。解放战争时期，受中国共产党影响，在言行上站在共产党一边。1951年夏，以特邀代表身份参加全国政协第一届第三次会议。1956年因病返广州，被聘为广州市文史研究馆馆员。1961年在广州病逝。

黄裳元

黄裳元（1890—1983），原名衍钧，字仲吉，罗定县附城南永平村人。1917年考入国立广东高等师范学校英语部，翌年3月组织罗定留省同学会并任会长。1919年，向省城各界人士筹款创办《泷江学报》，传播"五四"新思想，介绍西方先进的科学文化知识。1921年冬毕业，先后在广州公益女子师范学校、肇庆师范学校、台山中学和广州市教育局工作。1926年返回罗定，先任罗定县教育局局长，后于1927年底至1930年初任广东省立第八中学（罗定中学）校长。1930—1931年，应邀任十九路军七十八师少校副官、军需处处长等职。1932年辞职到广西防城中学任校长。1936年任陆军军官学校第四分校历史教官。1938年至新中国成立初期，先后在广州庚戌中学、雨芬中学和罗定县泷水中学、罗定师范等校任教。1982年1月任罗定县第一届政协委员。1983年12月在肇庆病逝。

李芳春

李芳春（1904—1927），罗定县横岗六迪村人。1924年在国立广东大学（今中山大学）读书时加入中国共产党。翌年5月，出席广东省第一次农民代表大会。会后，被中国国民党中央农民部委任为罗定县农民运动特派员，派回罗定领导农民运动。1926年1月，任广东省农民协会西江办事处书记。同年4月，中共罗定县特别支部成立，李芳春任书记。1925—1927年，李芳春在横岗乡建立了六迪、大陂、珊珠塘、四亨塘、蒲竹等村农民协会及横岗乡农民协会的基础上，先后在四区、一区、六区、五区、三区等区乡建立了73个农民协会，会员达4188人；同时成立了罗定县农民协会和县油业、码头、商民等工人工会、妇女解放协会、新学生社等群团组织；成立了一支3000多人的农民自卫军。在此期间，李芳春在领导全县人民同国民党反动派的斗争中，功绩卓著。1927年4月，组织农民举行横岗暴动。后因被叛徒出卖而被捕，于1927年5月7日被国民党罗定县当局杀害。

杨永绍

杨永绍（1902—1927），广东东莞人。早年曾在香港等地从事革命活动。1927年5月，受中共广东省委指派，到罗定任中共罗定县特别支部书记、罗定暴动指挥员。在罗定仍处于白色恐怖、环境极其困苦的情况下，开展联系群众，恢复党组织，部署第二次横岗暴动等工作。1927年8月18日，杨永绍率领农军700多人，兵分四路从四个方向攻打国民党罗定横岗四区治安会，因敌强我弱而久攻不下，只得往云致、新榕方向撤退。杨永绍带领农军与敌周旋，在云致张日熙屋门前挂起了罗定县苏维埃人民政府牌子，吓得国民党反动派胆战心惊。翌日，国民党省守备军联合罗定反动民团1000多人向云致扑来，欲把杨永绍带领的农军歼灭。杨永绍沉着指挥农军，把守云致圩的两个炮楼，迎击追扑过来之敌。在激战中，杨永绍左腿受伤，仍指挥农军与敌搏斗七天七夜，在敌众我寡、弹尽粮绝的情况下，农军安全撤到罗平三蒋村。杨永绍在三蒋村疗伤后转广西望路村养伤。1927年10月，伤愈后的杨永绍回郁南西埇寻找党组织，在郁南大湾被敌发现逮捕，惨遭杀害。

唐 木

唐木（1901—1928），罗定素龙凤塘村人。1925年投身广州工人运动，同年4月加入中国共产党。1925年省港大罢工时，被派往省港罢工委员会接待部工作。1926年7月任北伐交通队小队长。1927年12月广州起义时，任广东工人赤卫队第二队负责人，12月底，受中共广东省委派遣，回罗定从事恢复党组织工作。1928年1月，任中共罗定县委书记。4月为罗定暴动总指挥部领导成员。1928年5月18日，在广州寻找党组织时，被国民党反动派逮捕杀害。

唐公强

唐公强（1901—1928），又名唐锄强、唐程功，罗定素龙杨桥村人。1922年毕业于广东高等师范学校。1923年加入中国共产党。1925年任广州工人代表会宣传部副部长。1926年4月，任中华全国总工会教育宣传委员会委员，6月，参加劳动学院筹建工作，后任该学院教导主任。1927年12月，参加广州起义，后调任香港总工会宣传部副部长。1928年任西江上游特委委员，同年1月当选为中共罗定县委常委兼执行委员。1928年3月组建罗定暴动总指挥部并任总指挥；6月调任中共高要县委常委。1928年底，在广宁县境内被国民党反动派杀害。

张礼洽

张礼洽（1903—1947），乳名六妹，又名百和、子和，郁南县大湾㙟蓬张屋村人。1924年就读广州岭南大学（今中山大学），大革命时期加入中国共产党。大学毕业后曾去延安，后回郁南以教师职业作掩护，组织领导农民运动。1928年1月，中共罗定县委成立时被选为县委委员，同年7—9月任中共罗定县委书记。1928年被迫离乡前往香港并定居下来。1947年回乡病故。

陈泗英

陈泗英（1909—1928），女，广东罗定县城北区人。1924年起，考入县立女子高等小学、省立第八中学（罗定中学）就读。在此期间，先后加入县新学生社、学联会及共青团等组织，积极投身革命运动。1927年4月，在设于广州的刺绣学校补习时，继续从事革命活动，组织四人团小组，在共青团广州总部领导下开展工作。1927年12月，在广州起义期间，与团小组成员散发传单及张贴标语，参与捉拿杀害共产党员的祸首沈藻修行动，担任巡逻警戒工作。1927年12月底，受团省委派遣返回罗定，改名陈佩琳，于省立八中复学。1928年3月，为发动"四一四"罗定暴动，开展宣传发动群众工作，并受罗定县委派遣，赴港向广东省委汇报罗定暴动准备情况，回罗定向县委传达省委指示。"四一四"暴动失败当日被国民党当局逮捕，4月23日遭杀害。

陈琼英

陈琼英（1909—1928），女，又名维亚，罗定县围底莲塘头村人。1925年起，先后考入县立女子高等小学、省立第八中学（罗定中学）就读。在此期间，先后加入县新学生社、学联会及共青团等组织，积极投身革命运动。1927年春，因反抗封建婚姻出逃，后得李芳春等支持而解除婚约。1928年3月参加罗定暴动前的宣传工作。"四一四"罗定暴动失败当日被国民党当局逮捕，4月23日遭杀害。

杨昌龄

杨昌龄（1907—1990），原名吴世栋，又名杨甫，海南琼海人。1927年参加中国共产党。曾任琼东县苏维埃政府秘书。1929年前往南洋，曾任马来西亚洋务工人支部书记，马来西亚共青团中央委员兼秘书长。全面抗日战争时期回国，任粤桂边区工委常委、组织部部长、广东南路人民抗日解放军政治部代主任。1939

年1月任罗定特支书记，4月任罗定县委书记，同年11月调任西江特委委员。1948年到中共中央马列学院学习，后历任马列学院党委委员、马列学院二分院副院长、中央高级党校党委委员、中共党史教研室副主任、中央理论小组办公室主任、中国社会科学院近代史研究所顾问等职。

李守纯

李守纯（1908—1944），原名宋耀宏，曾用名李名、李守信、李保明，广东花县人。1925年加入中国共产党。曾参加省港大罢工。1939年1月任中共西江临时工作委员会书记兼高明县委书记。1940年任中共罗定县委书记。1941年秋任中共北江特委书记。1944年因叛徒告密被捕，后在狱中惨遭折磨而死。

李保纯

李保纯（1911—1949），原名余鸿钧，广东斗门县人。1933年在私立中国新闻职校读书，1937年1月赴延安，后入陕北公学。1937年8月加入中国共产党。1938年下半年回广东，曾任中共新会县委组织部部长、鹤山县西北区委书记、新会县委代理书记、顺德县特派员。1945年在粤中抗日解放军第二团工作。1947年1月任罗定县特派员。1949年1月30日被国民党替滨自卫队杀害。

谭丕桓

谭丕桓（生卒年不详），广西玉林人，广东省立勷勤大学商学院毕业。1935年参加"一二·九"运动，全面抗日战争时期加入中国共产党。1939年任西江特委秘书。后曾在四会、广宁县负责党的领导工作。1946年7月任三罗特派员，负责领导罗定、郁南、云浮各县党组织恢复和武装斗争准备工作。1949年1月任粤中纵队第四支队政治部主任。1949年12月任中共罗定县委书记。

陈汉源

陈汉源（1919—1969），罗定市罗镜水摆村人。1938年加入中国共产党。1939年任中共罗定县委委员、"青抗会"的党小组组长。1940年后调到东江从事革命活动。1948年7月，受党组织派遣，回罗定组织武工队，开展武装斗争工作，同年11月任中共罗定县工作委员会书记。1949年2月任粤中纵队第四支队第十四团政委兼罗定县人民政府县长，后任罗定军事管制委员会副主任、县长等职。1949年12月成立中共罗定县委后任副书记。"文化大革命"期间受到迫害，1969年在英德茶场去世。

伍伯坚

伍伯坚（1922—？），台山县四九圩福安村人。1939年11月加入中国共产党，1940年2月任庚戌中学党支部书记。后在高明、台山、开平等县参加党的地下工作并任县委宣传部部长。1945年任中共阳春县特派员。1948年1月任中共罗定县特派员。1948年11月任中共罗定县工委副书记。1949年2月任粤中四支十四团政治处主任。1955年1月调离罗定。

区映寰

区映寰（1919—2003），罗定市罗镜红光村人。1939年加入中国共产党，曾任罗定县委宣传部部长，《三罗日报》被查封后脱党。1944年毕业于国立中山大学法律系，同年回罗定从事教育工作。解放战争时期，积极参与对十九路军旧部的统战工作并参加游击队。1949年2月任粤中纵队第四支队第十四团团长。新中国成立初期任罗定县人民法院院长。后来一直从事教育工作。1956年9月至1988年8月，在泷水中学、船步中学、泗纶中学、分界中学、罗定师范学校、罗定中学任教，曾任泗纶中学、罗定中学副校长。1980—2003年，任罗定市政协第一届至第六届政协委员、常务委员之职。1996年任罗定中学名誉校长。2003年4月因病去世，享年84岁。

谭朗昭

谭朗昭（生卒年不详），罗定市罗城镇谭屋岗人。1938年在广州国立中山大学读书时加入中国共产党，同年9月回罗定中学任教并积极参加革命活动。1938年12月被选为中山大学三罗同学会负责人之一，同年12月任《三罗日报》主编，1939年4月任"青抗会"主要负责人。1939年4月后历任中共罗定县委委员兼统战部部长、宣传部部长、组织部部长及县城学生核心党支部副书记。1940年4月26日被国民党罗定县党部逮捕，在蔡廷锴的协助下于4月29日获得释放。解放战争时期，努力做好党的统战工作。1949年2月，协助党组织做好蔡廷锴及其家属的统战工作，使蔡廷锴家属捐出家中大批武器，为建立人民武装粤中四支十四团做出较大贡献。

夏张帆

夏张帆（生卒年不详），又名夏伟聪，广东高要县人。1947年受粤中区党组织派遣，到罗定中学以教师身份作掩护开展革命活动。1948年11月任中共罗定县工委委员，负责宣传工作。1948年底兼任罗定西南区中心党支部书记，1949年4月任西南区队队长。

谭机佳

谭机佳（生卒年不详），罗定都门人。1947年2月在郁南县河口寨小学任教，以教师身份为掩护开辟建立河口交通站，为开展武装斗争做准备工作。1948年春调回罗定后，在泗纶、都门、新榕等地建立交通联络站。1948年11月任中共罗定县工委委员。1948年底兼任罗定西北区中心党支部书记，1949年4月任西北区区队长兼西北区行政督导专员。

中共罗定党组织主要领导人名录（1926—1949）

姓名	职务	任职时间
李芳春	中共罗定县特别支部书记	1926.4—1927.4
杨永绍	中共罗定县特别支部书记	1927.5—1927.9
唐　木	中共罗定县委书记	1928.1—1928.5
张礼洽	中共罗定县委书记	1928.7—1928.9
李志坚	中共罗定县中心支部书记	1938.11—1938.12
杨昌龄	中共罗定县特别支部书记	1939.1—1939.3
杨昌龄	中共罗定县委书记	1939.4—1939.11
俞福亲	中共罗定县委书记	1939.11—1940.2
李守纯	中共罗定县委书记	1940.2—1940.4
罗　明	中共罗定县委书记、特派员	1940夏—1942.5
黄万吉	中共罗定县特派员	1942.6—1943春
黄子彬	中共罗定县特派员	1944.12—1946.6
龙世雄	中共罗定县特派员	1946.7—1946.12
李保纯	中共罗定县特派员	1947.1—1948.1
伍伯坚	中共罗定县特派员	1948.1—1948.11
陈汉源	中共罗定县工作委员会书记	1948.11—1949.11
谭丕桓	中共罗定县委书记	1949.12

附录五 罗定市老区镇、老区管理区、老区自然村名单

1. 老区镇（12个，由广东省民政厅批准）

罗镜、分界、新榕、罗平、苹塘、金鸡、㙟滨、新乐、连州、都门、加益、扶合

2. 老区管理区（75个，由肇庆市人民政府批准）

罗镜镇（8个）：

龙甘、水摆、橡安、镜西、红光、镜东、镜南、罗镜

分界镇（4个）：

分界、金河、三和、石牌

新榕镇（3个）：

新西、新星、新东

罗平镇（14个）：

塘屋、营下、涩塘、泗盘、沙头、牛路、新光、㙟东、乌龙、望天、㙟西、古莲冲、古勇、山田

苹塘镇（6个）：

谈礼、周沙、茶榕、桐油、良官、龙吉

金鸡镇（9个）：

罗贯、西岸、洪塘、黎垌、会龙、坪塘、石龙、庙岗、大岗

㙟滨镇（7个）：

山河、高竹、车田、夜护、思甲、梅竹、涩田

新乐镇（7个）：

新竹、太平、黄沙、东冠、四东、云龙、冲丽

连州镇（6个）：

云良、高垌、蒲垌、云致、替升、五和

都门镇（1个）：

明镜

加益镇（3个）：

鳌头、灵凡、合江

扶合镇（3个）：

旗垌、榕木、永乐

船步镇（3个）：

仓地、船北、云罗

茜塘镇（1个）：

茜东

3. 老区自然村（472个）

罗镜镇：

龙甘村：垌心、二队、河坝铺、五队

水摆村：同庆、北崑、同乐、同安、庆南

橡安村：沙墩、三屯、橡山、坑基底

镜西村：大石古、大屋垌、龙西、山背、为普

塘埇村：塘埇、保城、石头寨、三友坑

驸台村：牌坊、麻光

官渡头村：鸭寨、岗美

红光村：叶屋、替豆塘、月光塘、地蓬

大坪岗村：大坪岗

石淇湾村：围塘

镜东村：双美、定美、康城

龙星村：龙窑、一村

镜南村：一村、二村、三村、四村

云沙村：青云

龙岩村：二村、三村

云龙村：坝心

罗镜村：东圩、新街、西圩、横街

分界镇：

分界村：先经围、高垾、马岗、元眼、圩头、湾角

金河村：罗鲭岗、金河口、大坪脚、牛路口

三和村：黄屋、吴屋、陈屋、三家寨

石牌村：河坝头、团结、坑口、万田、上下汶

罗金村：金垌

金田村：龙云

罗光村：东坑

罗星村：廷照、大塘、小垌

新榕镇：

新西村：一村、二村

横桥村：三村

新中村：四村、五村

新星村：六村、七村、八村

新东村：八村、九村

罗平镇：

塘屋村：张屋、牛景、岗顶、都蒲塘、下寨

营下村：卢屋、营下、坑背

涩塘村：涩塘、马溪、大屋山、砚龙里、木古冲

泗盘村：三朗、上村、水井、中村、下村

沙头村：横垌、龙湾、沙头

牛路村：牛路、李屋、水溪

㟖阳村：双料

新光村：金陵、罗磨

㟖东村：东一、东二、东三

乌龙村：乌龙、石塘、荔枝塘

望天村：七瑞桂、㟖祐、望天

㟖西村：车田岗、㟖黄、邹屋、山根、新屋

古连冲村：方田山、山塘岗、古莲冲、潜牛塘、杨梅岗、田尾底、泗山岗、黄甲山

古勇村：古勇、旧地、北岸、荔枝根、羊角上、羊角下、山脚、石笋

山田村：圩头、塘角、山田

苹塘镇：

谈礼村：㟖阳、地神岗、谈礼

周沙村：周村、乌龙、妥村、石梯、山口岗、山儿岭、田垌心

茶榕村：苹塘圩、茶榕、汶塘

墩仔村：墩仔

桐油村：石脚、竹高、桐油坪、楼脚、梳底、梳面、塘头围、路获

良官村：新围、隔江、良官、龙塘、新冲、深坑边、木凡迳、山下、金吉

龙吉村：磨针、新村、旧村、梅角、下垌、上垌、菱角塘

大虾村：大虾

金鸡镇：

罗贯村：燕子坡、乾相、罗贯、石顶、黄泥塘、大塘尾、莲塘下

西岸村：金鸡寨、三轩、西园塘、旧屋寨、西岸、东岸、六电、林鸟

洪塘村：大坪、杨水坳、田心、洪塘尾、平山、大汶、清林迳、双住

黎垌村：黎垌、朁汶、黄竹塘

会龙村：会龙、石脚、倒燕、福塘、朁统、勒堑

大垌村：深塘、松岗脚、蕉荡、水岩、挂榜、茶墩、新寨

坪塘村：大罩、坪塘

石龙村：上下迳、联石、石龙、乌獭塘、石围前、冲口、白岩、文龙围

庙岗村：庙岗、鱼仔水、龙教塘、长益、水汶

大岗村：佛子坪、清水塘、黄狗墩、大岗、成达堂、崩塘坑、文角、田心、上下针、官塘

朁滨镇：

山河村：山河、大面

高竹村：六田、高竹

车田村：车田、高楼

夜护村：夜护、旧地

思甲村：蓖麻、梅垌

梅竹村：罗坪、湾洞、小竹、竹塘

涩田村：左田、右田

思理村：迪马、大垌、双大

永坑村：永悟

潮岭村：潮岭

朁滨村：新栗

六云村：罗云

新乐镇：

新竹村：新塘口、竹河

太平村：太平、坑仔口、葵岭

黄沙村：心垌、黄沙、冲标、罗松、大明坑、黄榄

东冠村：鹧鸪塱、大塘、鸡关、沙梨根

四东村：四东、大成

云龙村：坑口、垌顶、大坪、大水尾

冲丽村：冲邓、冲便、杏星、洋塘

新民村：二垌、三亩

木护村：东西园、木护、白马

沙口村：沙口、桂塘

连州镇：

云良村：上村、下村

高垌村：高一、新山、三坳、岗顶、公榕坑

蒲垌村：大屋、高山、下蒲垌

云致村：三界、田寮、张屋、云致街、六垌

替升村：替升、替油、乌柏、黄廉、水冻、上石、下石、
习口

官田村：上有、大蓬、乐昨、官田

万车村：万车

白马村：白马、清水

连北村：连北

平北村：平北

连州村：连西

古榄村：古榄

五和村：茅岗、鱼花塘、甲斗、水口

都门镇：

明镜村：大寨、石圭、枫梢、岗顶、甘竹

新和村：垌安、桂坑、石西

和合村：上双

都门村：红东、卫东、新寨、东风

南山村：大寨、寨顶、木头塘、长坑

星平村：柏木、俄参

和平村：小垌、鱼跳

加益镇：

鳌头村：围寨、大坑、新屋、云高坪、宾塘、麻竹塘、大塘、胡广、大社

合江村：合江、替架、蓝村、黄沙

灵凡村：路边、印头、天倪

清水村：清水迳、清水垌

石头村：石头、河塱

木寨村：大妙坑、木寨

双益村：中军、马诧

旺水村：长坑、旺水垌

排阜村：里务、桐油

扶合镇：

旗垌村：对面河、三屋寨、新屋埂、屋背寨、岭脚寨、欧屋寨、梁屋寨、鸡坑

榕木村：中和、大塘、榕木、独石、朝竹、塘底

永乐村：林河、同乐、永乐

上赖村：黄沙、大塘、榕树根

双合村：上云、双合

安村：木格、中安

大石村：大石

桐旺村：三屋、东风

金充村：大寨

南充村：南安

棠棣村：棠棣

船步镇：

仓地村：仓地、樟岗、罗坎

船北村：园林、南蛇、田头、冲口

云罗村：屋地、高岗、合利、岗脊、垌尾

炉星村：炉星

蓝村村：蓝村

炉埇村：炉埇

太平镇：

木利村：新生

双东镇：

六竹村：六竹

黎少镇：

大陂村：大陂、六迪、三十

横岗村：横岗顶、蒲竹新村、珊珠塘

松木村：介木坑、大樟根

簕泽村：枫梢

赤岭村：蒲竹、山岐、东埇

泗纶镇：

高和村：茶坪

山栗村：山根下

泗安村：涩塘

松南村：南埇

沙底村：云岭

荔塘镇

大旺塘村：大旺塘

荔塘村：都近

荔东村：龙塘、给照、新围、巡司、墩头、石架、竹围、石曹、石嘴

围底镇：

文岗村：文岗

凤山村：凤山

素龙镇：

中村村：杨桥

生江镇：

替兵村：替兵

安全村：簕竹

生江村：乌石

大事记（1926—1949）

1926年

4月，经中共广东区委批准，中共罗定县特别支部成立，由李芳春任书记，有党员9人，不久发展到50多人。与此同时，共青团罗定县特别支部也宣告成立，有团员20多人，由邬广汉任书记。

4月23日，罗定县第一届农民代表大会在罗城李家祠召开，大会宣告罗定县农民协会成立，选举王鼎新为主席，谭奇泉等9人为执行委员。

4月，罗定县成立农民自卫军总队，农军3000多人，统一县、区、乡三级建制，县称大队，区称中队，乡称小队，李灿英任县农民自卫军总队长兼大队长，李钊春任副大队长兼中队长。

6月初，罗定县农民协会在县城召开减租减息群众大会，向全县发出《减租减息宣言》。会后，中共罗定县特别支部与县农民协会组织专门队伍负责扩大宣传和执行落实。

10月13日，一场震动全省的农民革命保卫战在六区苹塘爆发。反动民团三罗总指挥陈镜轩纠集反动民团2000多人，镇压苹塘农民协会。县特支书记李芳春与县农军总队长李灿英率常备军300多人，与后续农军1500人火速奔赴苹塘，经7天奋战，击溃敌人多次反扑，农军击毙民团20多人，活捉数十人。

1927年

4月16日，李芳春率领的农民自卫军及一区部分农军300多人，顽强地抗击省守备军二团团长韩汉英率领的反动民团武装2000多人的进攻，但由于强弱悬殊，第一次横岗暴动失败。

4月底，李芳春在前往广西途中，经岑溪筋竹黄陵山时，因被叛徒李国春出卖而被捕。5月7日，在押回罗定时途经鸡梯岭竹筀庙被敌人杀害，牺牲时年仅23岁。

5月底，杨永绍被省委指派到罗定任特别支部书记兼罗定暴动指导员。6月间，在杨永绍、李钊春等人的策划下，恢复中共罗定县特别支部的活动，重新建立农民自卫军，开展恢复农民协会和发展农会骨干等工作。

8月18日，在杨永绍等人的指挥下，农军700多人分四路进攻国民党罗定横岗四区治安会，遭韩汉英、陈镜轩等人率领的反动民团1000多人的围攻，农军只得转战云致、新榕，经七昼夜激战，杨永绍被击伤，仍与敌周旋了四五个昼夜。后在罗平泗盘涩塘村休整时被韩汉英部再度追杀，至9月9日才突围出来，农军仅剩三四十人。"八一八"第二次横岗暴动失败。

1928年

1月8日，根据上级党组织的指示，在郁南张礼洽家举行党团员大会，到会人数33人，会上共青团员一律填表被吸收为正式中共党员。会议选举产生第一个中共罗定县委员会，书记唐木，常委唐木、唐公强、林河，委员有张礼洽等7人。

4月14日，全县各区农民自卫军和赤卫队员共1000多人，在县委指挥部的统一指挥下，兵分三路准备武装攻城。但由于奸细告密、部署不周、指挥不力等原因，暴动没有实现。后又多次部署各区组织暴动，但也未能进行，"四一四"罗定暴动遂告失败。

1938年

11月，中共罗定县中心支部于县城附近谭屋岗成立，李志坚任书记，杨昌龄、黄焕秋、俞福亲、刘秉楷分任组织、宣传、青妇、武装委员。

12月初，在中山大学三罗同学会的协助下，《三罗日报》正式创办发行。报社设于罗定中学校内，谭朗昭任主编。

12月，中共广东省委根据西江上游地区实际情况，决定在地区一级党组织建立之前，先成立中共罗定中心县委，由李志坚任书记，杨甫任组织部部长，黄焕秋任宣传部部长。中共罗定中心县委辖罗定、郁南、云浮三县党组织，初期隶属广东省委，后隶属西江临工委和西江特委，于次年11月撤销。

1939年

1月，中共罗定县中心支部改称为中共罗定县特别支部，由杨昌龄任书记，俞福亲分管组织及宣传工作。

2月25日，日寇飞机轰炸罗定县城，城内居民包括妇女、儿童都惨遭炸弹炸死、机枪打死、塌楼压死，造成民众丧生近100人，受伤300多人，被毁商铺、民宅1000余间。

4月23日，罗定县青年抗敌同志会成立大会在罗定中学礼堂举行，300多名代表参加会议。大会通过"青抗会"会章，选出9名干事组成干事会，由谭朗昭负责主要工作，黄绪援负责日常事务。会址先设在西华公司，后移到南关庙。

4月，中共罗定县特别支部撤销，成立中共罗定县委员会，由杨昌龄任县委书记,俞福亲任宣传部部长(兼负责青妇工作),谭朗昭任组织部部长。县委下辖9个支部,党员发展到60多人。

1940年

4月26日,国民党罗定县党部以"图书审查委员会"名义,强行取缔《大众》一书,封闭《三罗日报》与"汇合书画印务店",武力解散"青抗会",逮捕了谭朗昭等4名中共党员,《三罗日报》被迫停刊,罗定"青抗会"也不得不停止活动。

1944年

9月,日军从金鸡、苹塘、围底进犯罗定,毒死村民,杀人抢物,罗定县城沦入敌手。24日下午开始,日寇飞机先后有10架次分三轮对泗纶狂轰滥炸,投下炸弹17枚,泗纶中学建筑物被毁四成,校内物品损坏甚多,损失价值达2000万元国币,民众死伤惨重,财产损失甚巨。

9月,三罗民众武力指挥部总指挥谭启秀率三罗地区武装联防队3000余人抗日保境,蔡廷锴指挥10个乡团队1000多人及民间武装奋起反抗,在素龙、围底等处激战,据守罗镜、太平等地要塞,毙敌7人,俘敌1人。慑于蔡廷锴之威名,日寇于9月30日退出罗定,向广西进犯。

1947年

1月,粤中党组织派李保纯任罗定特派员,开展罗定党组织的恢复和发展工作。

1948年

1月,伍伯坚任罗定特派员,在县城、罗镜、泗纶等地开展党组织建设、统战、建立交通联络站、开辟"山间走廊"等工作，为罗定武装斗争的开展做好充分准备。

2月9日，三罗总队吴桐朱开小分队在民兵配合下，由李镇靖指挥，袭击了国民党驻金鸡的警察中队，取得了一打金鸡的胜利，打响了罗定武装斗争的第一枪。

11月，吴桐、谭丕桓代表三罗总工委在加益替架村一间小学里召集罗定的革命骨干开会，宣布成立中共罗定县工作委员会，书记陈汉源，副书记伍伯坚，县工委委员由陈汉源、伍伯坚、夏张帆、范林、谭机佳5人组成。

1949年

1月中旬，粤中纵队主力部队在冯燊、吴有恒率领下挺进三罗，宣布将三罗部队改称粤中纵队第四支队。

1月30日，李保纯、王肇汉、何梅三人前往替滨相思永同生药店取枪，被店主告密，国民党替滨乡公所派自卫队100多人包围，上述三人在突围中牺牲。

2月3日，粤中纵队大进军部队兵分四路，从白石和围底前后夹击国民党苹塘自卫中队，歼敌60多人，活捉率队负隅顽抗的国民党苹塘乡乡长李权章，缴获枪械一批。

2月5日凌晨，吴桐、谭丕桓、李荣欣、陈凤堃率领部队分三路夹攻国民党替滨乡公所、警察所和商团，俘获反动骨干谭高托，还缴获大批武器，解放了替滨。

2月15日，在罗镜泷水中学操场召开的县人民武装部队成立大会上，粤中军分委领导冯燊宣布中国人民解放军粤中纵队第四支队第十四团成立，任命区映寰为团长，陈汉源为政委，车克猷为副团长，伍伯坚为政治处主任。全团3个连，人数470多人。团部设在罗镜光裕堂。同时宣布成立罗定县人民政府，县长由陈汉源担任。

2月22日,粤中纵队所属各部及本地民兵共1500多人,在连州迎击国民党反动武装1700多人。战斗从早上9时打响,至下午4时结束,粤中部队从阻击到反攻,最终取得胜利,敌伤亡60余人,缴获大批武器。这场战斗震动了西江,是解放战争时期粤中区规模最大的一场战斗,中共中央华南分局也发来贺电,祝贺连州战斗的辉煌胜利。

4月,罗定各区人民政权和区人民武装相继建立。西南区行政督导专员潘焱荣,区队长夏张帆,副区队长张景福。西北区行政督导专员兼区队长谭机佳。中区行政督导专员范林,区队长陈汉鼎,副区队长陈开荣(后陈锦兴)。

6月18日,在粤中纵队第四支队司令员李镇靖的指挥下,人民军队进攻太平圩上陈少达的敌保安营,经过一个多小时激战便迅速占领制高点,控制太平圩,击毙击伤敌保警中队长以下20多人。

7月22日,中共罗定县工委调集400多人的兵力,兵分两路在船步龙岗展开战斗,与妄图伏击人民军队的地主反动武装进行逐屋巷战,俘敌100多人,缴获长短枪100多支。龙岗战斗摧毁了地主反动武装,打破国民党匪首练仁三的"五保联防"。

7月24日,粤中四支十四团在水摆伏击谭启秀所属李冠伦部。双方兵力接近,战斗异常激烈,从上午9时至下午6时,才致敌举白旗投降。此役击毙敌副中队长李卓成,敌兵死伤众多,俘敌23人,缴获轻机枪1挺,步枪20多支。水摆战斗的胜利,粉碎了谭启秀对罗镜游击区"扫荡"的阴谋。

9月6日深夜,粤中四支主力新一团2个连和十四团2个连,兵分几路直捣国民党保警营长赖汉龙占领的云致鸡翁顶阵地,毙敌7人,俘敌10多人,缴获重机枪1挺,步枪10多支。"天上雷公"

赖汉龙被当场击毙。

9月底，罗国璋率敌保警300多人进犯加益，粤中四支十四团在加益圩外二三里的深宜桥附近设伏，给敌以突然袭击，使敌溃不成军，此役俘敌20多人，缴获驳壳枪1支、步枪10多支以及弹药等物资一批。

10月3日，粤中纵队第四支队司令部领导在加益中学召开庆祝中华人民共和国成立大会，在罗定游击区内升起第一面五星红旗。

10月27日，南下大军先头部队进入苹塘，与粤中纵队第四支队取得联系。28日，在素龙击溃广东十二区专署保警第一总队长李傻芬残部。29日，在县城附近歼灭白崇禧殿后的二十三军后卫团，活捉罗定县保警总队长李冠伦。罗定县保警总队谭其球部300多人弃城逃窜，在人民解放军第二野战军第十三军第三十九师追歼堵截下，见大势已去，率部投诚。是日，南下大军胜利开进罗城，宣告罗定解放。

10月30日，粤中纵队第四支队领导李镇靖、唐章、谭丕桓率部赶到罗城，与南下大军会师。

10月31日，罗定县工委和十四团领导在罗平山田陈氏祠堂接收谭其球部的武器，计有八一迫击炮3门，重机枪4挺，轻机枪15挺，步枪249支，手榴弹112枚，各种子弹2万余发和其他军用物资一大批。

11月1日，粤中四支十四团及属下区队指战员1000多人，浩浩荡荡地开进罗定县城，举行隆重的入城仪式，与成千上万的群众一道，热烈庆祝罗定解放。

附录七 主要参考书目

1．《中共罗定地方史》（第一卷）（中共罗定市委党史研究室编印，2004年6月）

2．《解放战争时期罗定武装斗争史》（中共罗定县委党史办公室编，1987年9月）

3．《中共罗定县党史大事记》（民主革命时期）（中共罗定县委党史办公室编，1990年4月）

4．《罗定县党史资料》（第1—54期）（中共罗定县委党史办公室编，1981年6月—1989年3月）

5．《中国人民解放军粤中纵队第四支队史》（中共云浮市委党史研究室编著，2002年10月）

6．《罗定党史知识读本》（中共罗定市委党史研究室编著，2014年5月印刷）

7．《罗定县志》（罗定县地方志编纂委员会编，1994年3月出版）

8．《罗定市志》（1979—2003）（罗定市地方志编纂委员会编，2012年12月出版）

9．《广东省革命遗址通览·云浮市》（广东人民出版社，2016年12月第1版第1次印刷）

10．《罗定市革命传统教育基地——连州战斗纪念公园》（资料汇编，2006年10月）

　　《罗定市革命老区发展史》是根据中国老区建设促进会《关于编纂全国1599个革命老区县发展史的安排意见》和广东省老区建设促进会、广东省老区建设办公室《关于印发编纂〈革命老区县发展史〉丛书有关文件的通知》精神编纂的。

　　罗定市于2018年2月成立编纂委员会及其办公室。于当月召开了有市委办、市府办、党史办、市志办、档案局、统计局、民政局、文广局等单位领导参加的会议，传达贯彻上级关于编纂《全国革命老区发展史》丛书的精神和要求，结合罗定实际，提出具体意见，将任务落实到各有关单位和个人。接着，着手物色组织人员，调集了从事党史、市志、老区建设、人大、政府、统计、教育等工作多年，文字功底较好，又参加过编史、编志、编年鉴工作的8位老同志到编纂委员会办公室，成立编辑部，正式开展《罗定市革命老区发展史》的编写工作。

　　在编纂机构的带动下，全体编写工作人员责任心强，勇于担当。在学习领会上级有关文件精神后，认真制订编写提纲，反复研究，结合本地实际，议定更具罗定特色的章节编目。在资料的征集过程中，编写人员主要从党史办、市志办、市委、市政府历年的总结、会议报告、档案资料及统计局统计资料中收集查找，经认真整理后，再选出适用资料。此外，还花大量时间，顶着夏日高温，多次深入老区村镇，找有关知情人了解情况，佐证史料，力求更加真实可靠。对革命遗址、纪念场馆，则重新进行实地拍摄。资料征集完毕后，编写人员对资料进行认真阅读，详细分析，去粗取精，去伪存真。在编纂过程中，既分工负责，落实责任，又有分有合，集中统一。各人编写完成承担的部分，经多次修改后，先相互交叉审阅、修改、提意见，再集体讨论修改补充，派出专人统稿，然后交评审小组认真审核后定稿，最后送出版社出版。

本书的出版，是领导同志和编纂人员共同努力的结果。编写人员具体分工如下：第一章，区域和革命老区概况，陈英林；第二章，土地革命战争时期，罗维嘉；第三章，全面抗日战争时期，范光龙；第四章，解放战争时期，范光龙；第五章，中华人民共和国成立后的建设发展，何天宏。附录部分，革命遗址、纪念场馆，苏荣。前言、大事记、革命英烈和主要人物简介、后记由范光龙、罗维嘉、苏荣撰写，摄影范萃芹，全稿审核赖鉴泉、谭政勋、范国才、莫尔辉，统稿范光龙、何天宏。

在本书编纂过程中，得到市委办、市府办、党史办、市志办、老区办、档案局、统计局、民政局、财政局、文广局等单位的领导和有关同志的大力支持与帮助，还得到云浮市老促会、老区办的领导和有关同志的关心，并多次检查指导工作，在此一并深表谢意！

此书的编成出版，是编写人员集体智慧的结晶，是罗定文化建设的又一重大成果。值此机会，谨向发起和主持编写工作的领导同志，向参与和支持编写工作的全体同志及各界朋友，向指导编写工作的省市有关领导、专家、学者，致以衷心的感谢！感谢他们不辞劳苦，不惧艰辛，兢兢业业地做好编纂过程每个步骤的工作，把好资料收集、议定提纲、编写初稿、反复修改、交叉审议等各个关口，以"精品意识"确保史书质量，可谓竭尽全力，精神可嘉。书虽成，但亦恐负众望。因水平有限，史料不全，有些历史问题仍需进一步研究，且编写时间仓促，书中不妥之处在所难免，万望老领导、老同志、专家、学者及熟悉情况的有关人士和广大读者给予批评指正。

编者

2018年12月